Feuer im Kopf

Race Across America

Wolfgang Fasching

Feuer im Kopf

Race Across America

Text von

Gerhard Schwischei

Fotografien von

Josef Pail

VERLAG ANTON PUSTET

Salzburg – München

A-5020 Salzburg, Bergstraße 12

Gedruckt in Österreich
Umschlaggestaltung und Bildbearbeitung:
Gottfried Goiginger
Lektorat: Mona Müry-Leitner
Druck: Salzburger Druckerei
ISBN 3-7025-0369-2

Inhaltsverzeichnis

Der Wille zum Erfolg

Wolfgang Fasching ging mit 29 Jahren als jüngster Sieger in die Geschichte des Race Across America ein. Der Südsteirer bewegt sich aber nicht nur in diesem längsten und härtesten Radrennen der Welt in Grenzbereichen, in die vorzustoßen nur wenigen vorbehalten bleibt. Grenzerfahrungen zählen für Fasching zum Alltag, und das bereits seit einer entbehrungsreichen Kindheit. Früh mußte er sich mit aller Kraft auf die eigenen Beine stellen, um sich zu behaupten. Brennender Ehrgeiz, eiserne Disziplin, ein unbeugsamer Wille und ein „Herz wie ein Löwe", wie Ehefrau Dagmar sagt, sind Fundamente, die ihn im Extrem-Radsport an die Spitze brachten.

Wolfgang Fasching ist ein Mann mit Feuer. Die mentale Stärke ist Garant für seine großen sportlichen Erfolge. Wenn sich alle Muskelzellen im Körper gegen jede einzelne Kurbelumdrehung wehren, wenn seine Konkurrenten einbrechen, mobilisiert er noch immer versteckte Energiereserven.

Das Race Across America ist ein Rennen der Extreme, gemacht für Extreme. Zwischen Los Angeles im Westen der Vereinigten Staaten und Savannah im Osten liegen nicht nur elf Bundesstaaten, neun endlose Tage, rund fünf Mal die Strecke Graz–Rom oder zwölf Stunden Schlaf. Es ist ein Weg des Abenteuers, der Depression, aber auch der Euphorie, einmal knapp am körperlichen Zusammenbruch, dann wieder im Hochgefühl unbegrenzter Kraft. Ein Weg im Fieber bei 45 bis 50 Grad in den Wüsten Nevadas oder Utahs, gefolgt von Temperaturen um den Gefrierpunkt in den Rocky Mountains oder subtropisch schwülem Klima, je näher das Ziel rückt.

Was treibt jemanden dazu, sich auf diese Gratwanderung einzulassen? Wo liegen die körperlichen und mentalen Grenzen? Menschen wie Wolfgang Fasching dringen in unbekannte Dimensionen vor und zeigen, was Körper und Geist zu leisten imstande sind.

Von Los Angeles nach Savannah, von West nach Ost, der Sonne entgegen: Ein Abenteuer auf zwei Rädern ist das Race Across America.

Seiten 10/11:
Von Horizont zu Horizont – und nur das eine Ziel: nicht aufgeben.

Seite 12:
Wolfgang Fasching als erster im Ziel – ein zehn Jahre währender Traum hat sich erfüllt.

Wiesbauer

Feuer im Kopf

Wolfgang Fasching erlebte eine harte entbehrungsreiche Kindheit. Schon früh mußte er auf eigenen Beinen stehen.

Normal heißt: gewöhnlich, üblich, durchschnittlich. Gemessen an dieser Definition ist nichts im Leben des Südsteirers Wolfgang Fasching normal. Was vorläufig mit seinen Spitzenleistungen im längsten und wohl auch härtesten Radrennen der Welt einen Höhepunkt erreicht hat, begann schon in frühester Kindheit zu wachsen. Und das zunächst alles andere als freiwillig. Am 11. August 1967 als jüngstes von vier Kindern in Bad Radkersburg zur Welt gekommen, erinnert sich Wolfgang heute nur ungern an seine ersten Lebensjahre zurück. Die Ehe seiner Eltern war zerrüttet und der Vater nach einem Unfall als Caterpillar-Fahrer zunehmend depressiv, gewalttätig. Noch heute zeugen Narben am Körper des Race Across America-Siegers von einer „körperlich harten" Zeit, wie er selbst sagt.

Scheidung, Fürsorgeamt, finanzielle Nöte: Das Leben hat für den zu dieser Zeit sechsjährigen Wolfgang in den südoststeirischen Weinbergen in St. Anna/Aigen wenig zu bieten. Mit seinem ursprünglichen Familiennamen Ruß sollte er fast 20 Jahre später eine Vergangenheit „ablegen", die ihn nachhaltig prägte, von der er sich aber nie hat unterkriegen lassen. „Er ist wie die Mutti, die gibt auch nicht auf, und wenn es noch so schwierig ist", erklärt Maria Ruß, die ein Leben lang gegen das Aufgeben kämpfen mußte. Vier Kinder ohne Ehemann großzuziehen, von dem nie ein Groschen Geld kam, allein auf sich gestellt, ohne Berufsausbildung, als Aufräumerin – dazu gehörte unglaubliche Stärke und Härte sich selbst gegenüber. „Wenn wir auf dem Boden lagen, haben wir uns wieder aufgerafft. Ich mußte die Kinder so gut wie ohne Geld durchbringen."

„Wenn wir auf dem Boden lagen, haben wir uns wieder aufgerafft", sagt Wolfgangs Mutter, Maria Ruß. Der Race Across America-Sieger hat viel von ihrer Durchhaltekraft in seinem Blut.

Doch das reichte noch nicht. Wolfgangs um rund ein Jahr älterer Bruder Walter erkrankte als Zehnjähriger an Krebs. Lange zehn Jahre und insgesamt 20 Operationen später erst hatte er die Krankheit besiegt. Nicht zuletzt dank seiner Kämpfernatur, die auch Walter mit der Muttermilch aufgesogen zu haben scheint. Doch dazwischen lagen Wochen und Monate, in denen Maria Ruß die Chemotherapien an ihrem Sohn nicht mehr zulassen wollte und Wolfgang sich nach langen Krankenhausaufenthalten seines Bruders an viele Momente der Verzweiflung erinnert.

Wolfgang (r.) und sein Bruder Walter, der lange gegen eine schwere Krankheit ankämpfen mußte.

Früh auf eigenen Beinen

Wolfgang hat gelernt, sehr schnell auf eigenen Beinen zu stehen. „Meine Mutter hat in meinem ganzen Leben keine einzige Schulaufgabe mit mir gemacht." Er ließ sich nie fallen, machte in der Schule aber nur das notwendigste.

Und trotzdem brannte schon damals ein nicht auszulöschendes Feuer in seinem Kopf, flackerte immer wieder unstillbarer Ehrgeiz in ihm auf. Wolfgang Fasching verglich sich nie mit Schwächeren oder jenen, denen es noch schlechter ging. Er suchte sich immer Freunde und Bekannte, die „höher vom Rang" waren, wie er heute noch sagt. Dabei räumt er aber ein: „Ich habe mich immer zu minder genommen. An mir selbst habe ich aber erfahren, wieviel man lernen kann, wenn man nur will. Das gilt auch für jene, die aus der Sonderschule kommen. Die Menschen lassen meist viel zu früh den Kopf hängen."

Bruder Walter charakterisiert den jungen Wolfgang heute so: „Wenn er etwas wollte, hat er es auch erreicht. Und wenn es in der Schule darauf ankam, dann konnte er erstklassige Leistungen bringen." Da dieser unbändige Wille damals aber nur phasenweise aufblitzte, reichte es in der Hauptschule nur für den zweiten Klassenzug. Heute, da er vieles nachgeholt hat, auch auf dem zweiten Bildungsweg, sieht er manches gelassener.

„Gewurmt" hat ihn sein Mittelmaß als Jugendlicher in der Schule aber schon damals. Seine Freunde und Spielgefährten, die oft aus finanziell gut bestellten Familien kamen, waren Vorbilder: „An ihnen habe ich mich orientiert. Ich wollte so sein wie sie. Dabei habe ich viel Ehrgeiz entwickelt, um mit ihnen auf eine Ebene zu kommen."

Mittelmaß hat Fasching immer schon „gewurmt".

Gerade im Sport hatte er die Möglichkeit, es den anderen zu zeigen. Maria Ruß unterstützte ihren Sohn, so gut es eben ging. „Obwohl wir nie Geld hatten, lagen oft sensationelle Geschenke unter dem Christbaum", erinnert sich Wolfgang Fasching. „Als Kind stellt man natürlich große Forderungen. Nur das schönste, teuerste ist gut genug. Weil die Nachbarkinder es auch haben. Heute noch frage ich mich, wie meine Mutter es schaffte, mir Skier zu kaufen. Und natürlich waren es Blizzard Firebird. Die besten."

Ebenso überraschend kam für Wolfgang, daß er mit zwölf Jahren stolzer Besitzer eines Fahrrades wurde. Es war ein Puch-Clubman mit zwölf Gängen. Von der Lichtanlage bis zu den Kotschützern montierte er alles ab, damit es aussah wie ein Rennrad. „Ich wollte schon immer Radrennfahrer werden, ich hatte das von klein auf in meinem Kopf. Aber in meiner Jugend fand ich keinen Zugang dazu, diesen Sport auch wirklich auszuüben. Die Mutter war logischerweise zu beschäftigt und besaß zudem kein Auto, um mit mir zu Rennen zu fahren", erzählt Wolfgang Fasching.

Dabei kann er sich heute noch lebhaft an sein erstes Radrennen erinnern, das er als Zwölfjähriger in seiner damaligen Heimatgemeinde Straden gebannt verfolgte. So als wäre es gestern gewesen. „Die Rennfahrer sind damals 17 Runden gefahren, ich weiß das noch genau. Es goß in Strömen, ich bin aber trotzdem von früh bis spät im Zielgelände herumgehockt. Ich habe mir Autogramme von allen möglichen Leuten geholt, von den Mechanikern bis zu den Rennfahrern."

Das Rad sollte ihn vorerst nur als notwendiges Verkehrsmittel begleiten. Auf dem Weg zur und von der Schule, unterwegs zu seinen Freunden oder auf den Fußballplatz. Das runde Leder war es, das ihn als talentierten Tormann in der Schülerliga in den nächsten Jahren faszinierte.

Nie etwas vorzeitig aufgegeben

Doch die Schulzeit flog vorbei. Wolfgang reifte zum jungen Mann, der Übergang ins Berufsleben fiel ihm schwer. „Es war nicht leicht mit mir damals." Konfrontiert mit abschätzigem Dorftratsch, argwöhnisch beobachtet und ohne den notwendigen Vertrauensvorschuß wußte er nicht so recht, woran er sich orientieren sollte. „Meine Mutter drängte mich in eine Malerlehre. Die ersten 14 Tage ging ich nur widerwillig zur Arbeit. Dann habe ich aber den Beruf äußerst ernst genommen. Die Berufsschule habe ich nur mit den Noten sehr gut und gut absolviert."

Wolfgang Fasching war das aber nicht genug: „Ich habe in meinem Leben noch nie etwas vorzeitig aufgegeben. So auch hier. Drei Jahre, aber keinen Tag mehr. Danach Malerei ade, obwohl mir die Arbeit auch Spaß gemacht hat. Ich wußte aber sofort, daß mich dieser Beruf nicht weiterbringt. Die Gesellenprüfung machte ich, da war ich schon zwei Tage beim Bundesheer. Zunächst einmal freiwillig für ein Jahr."

Als Zeitsoldat in Baden bei Wien hatte er sich in den Kopf gesetzt, unbedingt den Panzerführerschein zu machen. „Ich bin dann auch Panzerfahrer geworden und insgesamt vier Jahre als Ausbildner geblieben. Gelernt habe ich beim Heer vor allem, daß vieles besser ist, als man gemeinhin meint. Aber auch daß jene, die am wenigsten wissen, am weitesten und lautesten den Mund offen haben."

Seine Willenskraft und körperliche Fitneß hat er dort weiter gestärkt und verbessert: „Umso länger ein Marsch war, umso härter es war, umso mehr hat es mir getaugt. Ich habe schon damals gemerkt, daß mich große körperliche Anstrengungen vor allem mental kaum fordern. Zum Beispiel konnte ich nicht verstehen, daß meine Kollegen nahe an der Befehlsverweigerung waren, wenn wir nach einem Marsch um zwei Uhr früh einen Test schreiben mußten."

Mit 19 Jahren war er erstmals steirischer Meister.

„Damit er weiß, wo es langgeht"

Mit der Bundesheerzeit kam aber auch die Liebe. Die Liebe zu seiner zukünftigen Frau Dagmar. Und mit ihr auch wieder die Liebe zum Fahrrad. „Ich bin dafür zuständig, daß Wolfgang weiß, wo es langgeht in seinem Leben", sagt seine um etwas mehr als ein Jahr ältere Lebenspartnerin. „Wir haben uns in einer Diskothek in Deutsch-Goritz kennengelernt. Er ist etwas abseits gestanden, hatte eine Lederjacke an, was ja auf dem Land damals ungewöhnlich war. Wolfgang war anders als der Durchschnitt. Er zog sich eher zurück, trank nichts, und ich spürte sofort, mit uns könnte es passen."

Es funkte sehr schnell zwischen den beiden. Vor allem auch, weil Wolfgang sehr bald seinen Dienst beim Bundesheer als angehender Unteroffizier quittierte. „Die Militärakademie hätte mich fasziniert. Ohne Matura blieb mir dieser Weg aber versperrt."

Der Südsteirer stand wieder einmal an einer Grenze. Was soll's? Auf zu neuen Ufern, sagte er sich. 1989, mit 22 Jahren, heiratete er Dagmar Fasching, eine von drei Töchtern eines Kaufmanns in Deutsch-

Goritz. Zeit für Wolfgang, mit einem Namen eine Identität und eine Hypothek abzulegen, die immer wie ein Sandsack auf den Schultern lastete. „Der wird eh gleich wie sein Vater." Natürlich spielte das Geschäft auch eine Rolle, daß Wolfgang den Namen seiner Frau annahm. „Aber auch mein Bruder hat seinen Namen aufgegeben."

Wie schon gesagt: Mit Dagmar entdeckte Wolfgang Fasching wieder die Liebe zum Fahrrad. Sein heute 57jähriger Schwiegervater Johannes Fasching war 1960 Mitbegründer des Radklubs „Union Peterquelle" Deutsch-Goritz. „Wir waren österreichweit der erste Klub, der einen Sponsor gehabt hat. Sonst gab es nur reine Firmenmannschaften, von den Puch-Werken zum Beispiel." Aushängeschilder dieses südsteirischen Radklubs waren so prominente Rennfahrer wie Kurt Schattelbauer (der Bruder von Wolfgangs Schwiegermutter Helga), Felix Damm oder Arnold Rinner. Schattelbauer war zwölf Mal Staatsmeister, bestritt 17 Mal die Österreich-Rundfahrt und gewann insgesamt rund 300 Rennen. Damm war zweimaliger Glocknerkönig, und Rinner belegte 1960 bei den Olympischen Spielen in Rom den fünften Platz.

Eingeheiratet in eine „Radlerfamilie" und seinen Namen abgelegt: Ehefrau Dagmar sagt ihrem Wolfgang, „wo es langgeht".

Wolfgang hatte endlich den Zugang zum Radsport, den er sich schon als kleiner Junge gewünscht hatte. Dafür, daß er seinem Schwiegervater das Haus ausmalte, erhielt er sein erstes „richtiges" Rennrad – ein Puch Mistral, das damals auch die Profis verwendeten. Anfangs hatte er noch Schwierigkeiten, mit seiner Frau, die im Damenrennsport aktiv war, mitzuhalten. Oder gar mit seiner Schwiegermutter, die in Österreich zu den ersten Frauen zählte, die Radrennen fuhren. Helga Fasching erinnert sich noch gut an die erste gemeinsame Ausfahrt: „Es war ein heißer Sommertag, wir radelten ungefähr 50 Kilometer. Und es ist ihm sehr schlecht gegangen, er schimpfte über die Plackerei."

Helga und Johannes Fasching waren leidenschaftliche Radsportler.

Zwei dicke Freunde

Durch den RC Peterquelle Deutsch-Goritz lernte Wolfgang Fasching Peter Luttenberger kennen, der seit seinem fünften Platz bei der Tour de France im Jahr 1996 einer der weltbesten Radprofis ist. Beide bildeten eine Trainingsgemeinschaft, die viele Jahre überdauerte, bis Luttenberger in Italien bei einem Rennstall Unterschlupf fand und schließlich in der Mannschaft von Claudio Chiapucci, einem der populärsten und erfolgreichsten italienischen Radprofis, seine bisher größten Triumphe feierte.

„Wir waren praktisch täglich zusammen, er wohnte nur rund zehn Kilometer von mir entfernt in St. Peter am Ottersbach. Wir trainierten gemeinsam, wir machten zusammen Urlaub. Gelenkt hat im Grunde aber alles der Peter. Er hat entschieden, was wir trainierten, wo und wann wir fuhren", erzählt Wolfgang Fasching. Aber auch Luttenberger betont, wie wichtig ihm diese Freundschaft ist: „Wir haben uns sofort sehr gut verstanden. Der Ehrgeiz und die Verbissenheit, mit der wir Erfolg in unserem Sport suchen, verbindet uns. Wir haben immer versucht, gemeinsam in eine Richtung zu gehen.Wir haben alles geteilt, wir waren im Winter zusammen in der Turnhalle, wir sind zusammen ins Schwimmbad gegangen."

Zwei dicke Freunde aus der Südsteiermark machen gemeinsam Urlaub: Radprofi Peter Luttenberger (l.) und Wolfgang Fasching.

Heute beschränken sich ihre Kontakte in erster Linie auf ausgiebige Telefongespräche. Doch im Herbst, nach der Rennsaison, kann man sie in der Südsteiermark auch gemeinsam auf dem Rad beobachten. Da beide ausgesprochene Einzelgänger sind, ist jeder für den anderen neben Frau und Freundin der wichtigste Ansprechpartner, wenn es gilt, Erfolge auszukosten, aber auch über Niederlagen, schlechte Form und Krisen zu reden. Und wenn sie ihre Termine und Verpflichtungen entsprechend ordnen können, dann fahren sie noch heute gemeinsam auf Urlaub.

Luttenberger machte in Österreich rasch Karriere als Radsportler. Als Leichtgewicht entwickelte er sich zum Bergspezialisten und feierte viele Erfolge. Der um sechs Jahre ältere Wolfgang Fasching tat sich ungleich schwerer. Mit einer Größe von 1,82 Metern und einem Gewicht von 73, 74 Kilogramm hatte er auch andere körperliche Voraussetzungen. Und er kam erst mit 20 Jahren zum Rennsport, Luttenberger hingegen bestritt von Kindheit an Radrennen.

Und dann gibt es noch einen großen Unterschied: Wolfgang lebte im Gegensatz zu Luttenberger zunächst nicht nur für den Radsport. Obwohl sich bereits 1988, als Franz Spilauer als erster Österreicher das Race Across America gewann, neben der Bewunderung für diese Leistung die fixe Idee im Hinterkopf Faschings einnistete: „Dieses Rennen will ich auch einmal gewinnen!"

Doch zunächst hatten andere Dinge Vorrang. „Ich wollte mich weiterbilden und Verantwortung für das Kaufhaus meines Schwiegervaters mit übernehmen." Wolfgang Fasching absolvierte die Lehre des Einzelhandelskaufmanns, machte die „Spar-Meisterprüfung", belegte Buchhaltungskurse und war dann

In der heimischen Radsportszene gelangen Wolfgang Fasching (l.) viele Spitzenplazierungen. Für den ganz großen Druchbruch reichte es nicht, vor allem auch, weil der Deutsch-Goritzer in diesen Jahren einen Lebensmittelmarkt aufbaute.

im Alter von 25 Jahren soweit, daß er Johannes Fasching anbot, das Geschäft allein zu führen.

Der war von den Ideen und dem Innovationswillen seines Schwiegersohnes überzeugt, sodaß er einwilligte. Seitdem führt Wolfgang zusammen mit seiner Frau Dagmar auf rund 300 Quadratmetern einen Lebensmittelmarkt mit sieben Beschäftigten. „Ein bis zwei Jahre lang habe ich alle meine Energien in diese Aufgabe gesteckt. Wir investierten viel Geld in einen modernen Selbstbedienungsladen." Heute läuft dieses Geschäft ausgezeichnet.

Seit sich Wolfgang aber vor zwei Jahren in das Abenteuer Race Across America stürzte, liegt die Hauptverantwortung und vor allem auch die Hauptarbeit bei seiner Frau Dagmar.

Radrennen, Geschäft, Ausbildung, Familie

Radrennen, Geschäft, Ausbildung – und Familie: 1992 kam Wunschtöchterchen Simone auf die Welt. Fasching war knapp daran, das Rad in die Ecke zu stellen. Die Grenze im Amateurrennsport war für ihn unter diesen Umständen erreicht. Vordere Plazierungen belegte er am laufenden Band, zum Siegfahrer hätte er mehr investieren müssen. „Ich hatte zuviel um die Ohren, der Sprung ganz nach oben war nicht drinnen."

1993 entschloß sich Wolfgang, die Ausbildung zum Handelsfachwirt an der Grazer Fachakademie im Wifi zu beginnen. Der Abschluß würde ihm den Zugang zur Universität öffnen. Es war an einem Samstag vormittag im September 1993, als er noch für die letzte Etappe der Steiermark-Rundfahrt im Sattel saß. Am Nachmittag desselben Tages drückte er wieder die Schulbank.

Die folgenden drei Jahre verlangten ihm, aber auch seiner Frau, alles ab. Fasching kann gar nicht anders, als auch außerhalb des Radsports die Extreme zu suchen. Natürlich wurde nichts mit dem Ausstieg aus dem Rennsport. Die Formel „Radrennen, Geschäft, Ausbildung und Familie" bestimmte weiter seinen Alltag.

Das Protokoll eines ganz „normalen" Tages las sich dann so: Um sechs Uhr Tagwache, erstes Training; der Vormittag bis elf Uhr gehört der Arbeit im Kaufhaus. Danach erneut Training bis drei Uhr nachmittags. Es folgen Hausaufgaben und Schule bis abends 22 Uhr. Drei Jahre lang.

„Ehrgeiz und Durchhaltevermögen, alles was das Sternzeichen Löwe an Charaktereigenschaften aufzuweisen hat, trifft bei ihm zu. Da gibt es kein Nachgeben", betont Dagmar. „Er hat ein Herz wie ein Löwe." Das Leben sei hart, und „ich bin auch kein Waserl", fügt sie hinzu. Keinen Moment lang hat sie

Das Vorbild Franz Spilauer im Kopf, suchte Wolfgang Fasching die Extreme im Sport, „vielleicht auch, weil ich ständig in Extremen gelebt habe".

die Radsportambitionen ihres Mannes in Frage gestellt. Und seit die Erfolge in Extremsportbewerben da sind, schon gar nicht, auch wenn die Belastungen sie selbst in Grenzbereiche treiben, die der „Normalbürger" niemals freiwillig auf sich nehmen würde.

Im September 1990 startete Wolfgang Fasching in Großschönau im Waldviertel erstmals in einem Zwölf-Stunden-Rennen. „Ich habe Franz Spilauer im Fernsehen um seinen Sieg im Race Across America beneidet. Ich war sein größter Fan, ich habe ihn angehimmelt. Und so suchte ich dann, wie von einem Magneten angezogen, selbst die Extreme im Sport, vielleicht auch, weil ich ständig in Extremen gelebt habe." Mit zwei Trinkflaschen, also etwas mehr als einem Liter Flüssigkeit, und einem Marsriegel wurde er überlegener Sieger dieses Rennens. Der Zweitplazierte lag bereits sieben Kilometer zurück. „Das war für mich das Zeichen: Ich kann es. Ich kann auch das Race Across America gewinnen."

Die Erfolge in 1000-Kilometer-Rennen, 24-Stunden-Bewerben und sonstigen Extremsportveranstaltungen häuften sich. 1997, wenige Wochen bevor er mit 29 Jahren als jüngster Sieger in die Geschichte des Race Across America einging, krönte er sich in Davenport/Iowa auch zum 24-Stunden-Weltmeister. Eine Weltbestleistung im 12-Stunden-Zeitfahren hatte er mit 462 Kilometern (38,5 km/h Schnitt) schon im Jahr zuvor aufgestellt.

Das „richtige Maß"

Heute behauptet Wolfgang Fasching, für sich „das richtige Maß" gefunden zu haben. Er meint damit auch, daß er sich nun ein professionelles Umfeld geschaffen hat, in dem er seinen Sport wie ein Profi betreiben kann.

Das war 1996, als der Deutsch-Goritzer mit seinem ersten Antreten überraschender Dritter des Race Across America wurde, noch nicht der Fall. Erst wenige Wochen vor dem Start hatte er die Ausbildung an der Fachakademie abgeschlossen. Ernst genommen hatte er bis dahin auch die Arbeit im hauseigenen Geschäft, wo aber mittlerweile seine Frau allein die Geschicke führt. Genauso ernst wie auch den Sport, und den manchmal vielleicht zu ernst. So magerte Wolfgang zwischendurch mit streng vegetarischer Kost auf 65 Kilogramm ab, wohlgemerkt bei einer Größe von 1,82 Metern. Und das, weil er sich einbildete, nur so ein guter Bergfahrer werden zu können. „Bei den Rennen an den Wochenenden hat das auch geklappt, ich war bei den Bergwertungen vorne dabei. Danach aber brach ich regelmäßig ein. Die Woche über konnte ich kaum eine Stiege hinaufsteigen."

Zwei Steirer in den USA: Arnold Schwarzenegger wünscht Fasching alles Gute für sein erstes Race Across America 1996.

Ein anderes Beispiel: Wegen einer Thrombose am Gesäß, hervorgerufen durch Hämorrhoiden, mußte er „unter das Messer". Zehn Tage später saß er bereits wieder auf dem Rad, die Wunden waren noch nicht verheilt. Alle Narben platzten auf und lagen binnen kurzer Zeit in Eiter. „Danach bin ich zwei Monate lang keinen einzigen Meter gefahren", berichtet Wolfgang. „Eine Phase verhängnisvollen Überehrgeizes."

„Doch bis jetzt handelte es sich nur um Vorspiele. Ich will so viele extreme Dinge machen, wie mein Körper nur verkraften kann." Wolfgang Fasching glaubt auch nach dem Sieg im längsten Radrennen der Welt, seinen Leistungszenit noch nicht erreicht zu haben. Bis zu seinem 35. Lebensjahr will er weiter die Extremsport-Szene beherrschen. Dann denkt er auch an ein Studium, an einen Einstieg in das Sportmanagement oder an Aufgaben in der Erwachsenenbildung.

Doch über die Zukunft will er sich nicht den Kopf zerbrechen. „Ich bin keiner, der sich darüber große Sorgen macht, ich denke nie weit voraus. Die Gegenwart ist wichtig, daß man das, was man anpackt, mit aller Kraft angeht. Sonst macht man nichts richtig."

Auch wenn seine Frau nach wie vor hinter ihrem Extremisten steht, „lieber wäre es mir schon gewesen, er hätte jetzt aufgehört". Und im selben Atemzug: „Es kommt im Leben aber immer anders, als man es plant."

Sicherlich nicht so geplant und in jedem Fall zu kurz kommt das Familienleben. Der Erfolg fordert seinen Tribut. Das hat auch die fünfeinhalbjährige Simone schon gelernt. Hin und wieder fragt sie: „Wo ist denn der Papa?" Wenn die Mama darauf sagt, „der Wolfgang ist bei einem Rennen", fragt sie nicht weiter. Denn davon ist Dagmar Fasching überzeugt: „Simone hat die Erbanlagen vom Wolfi, und das sind in erster Linie Durchsetzungsvermögen und Willensstärke. Die Kleine ist hellauf begeistert, wenn der Papa gewinnt. Sie versteht nur nicht, daß man verlieren auch kann.

201
SPAR

Seite 21:
Endlose Geraden und die Einsamkeit: Das Race Across America wird im Kopf entschieden.

Duell des Willens mit der Biochemie

Albert Einstein schreibt 1930 in dem Buch „Was ich glaube“: *„Das Schönste, was wir erfahren können, ist das Geheimnisvolle, Rätselhafte. Das ist die Quelle jeder ehrlichen Kunst und Wissenschaft. Wem diese Leidenschaft fremd ist, wer sich nicht begeistern kann oder in Ehrfurcht erstarrt, ist so gut wie tot: seine Augen sind verschlossen.“*

Der Yeti unter den Grenzgängern, Extrembergsteiger und Antarktis-Wanderer Reinhold Messner, meint über das Race Across America in Franz Spilauers Buch „Sieg im härtesten Radrennen der Welt, RAAM 1988“: *„Ich bin überzeugt davon, daß es gesünder ist, einen Triathlon zu machen oder neun Tage mit dem Rad durch Amerika zu fahren, als ein Leben lang herumzusitzen als Intellektueller (oder auch als Arbeiter) und den Körper nur dazu zu benützen, sein Hirn herumzutragen.“*

Franz Spilauer selbst, der 1988 als erster Europäer das Race Across America gewonnen hat, erklärt dazu: *„Ohne Tatendrang würden wir heute noch auf den Bäumen sitzen. Amerika wäre noch immer nicht entdeckt, und ich hätte gar nicht an diesem Rennen teilnehmen können. Mein Beitrag zum Fortschritt: Ich habe gezeigt, daß die Grenzen des Menschenmöglichen doch nicht dort liegen, wo man sie vermutet hatte, sondern weit darüber. . .*

Alles, was die Masse macht, ist normal. Und was wenige machen, ist abnormal. Wie oft hat aber gerade die normale Masse Aktivitäten gesetzt, von denen am Schluß abnormal wenig übriggeblieben ist?“

„Für einen Fußballer ist es das größte, zu einer Weltmeisterschaft fahren zu können. Im Extremradsport ist es das Race Across America.“

Und schließlich Michael Shermer, Mitbegründer des Rennens quer durch Amerika (1982), er stand fünf Mal am Start zu diesem Abenteuer: *„Einer der Gründe, warum sich Menschen in Extrembereiche begeben und weshalb das so faszinierend ist, liegt in der Möglichkeit, in unbekannte Dimensionen vorzudringen. Sich extremen Situationen auszusetzen, heißt, etwas zu entdecken, von dem man bisher keine Ahnung hatte. Und das ist ungeheuer aufregend.“*

„Man will es, oder man will es nicht“, sagt Wolfgang Fasching trocken. Für ihn steht zunächst die sportliche Herausforderung im Vordergrund, der Weg zum Sieg. Gesagt, getan: Der Südsteirer macht es seinem großen Vorbild Franz Spilauer nach: Beim Race Across America 1996, bei seinem ersten Antreten, belegt er sofort den dritten Platz. Und zwar als „Rookie ever“, als erster Neueinsteiger, der das Rennen in weniger als neun Tagen schafft. Im Jahr darauf holt er sich mit 29 Jahren als jüngster Teilnehmer in der Geschichte des Rennens den Sieg: 4830 Kilometer nonstop auf dem Rad und mehr als neun Tage mit nur zwölf Stunden Schlaf. Spilauer wurde genau zehn Jahre zuvor Dritter und gewann 1988.

„Für einen Fußballer ist es das Größte, zu einer Weltmeisterschaft fahren zu können. Im Extremradsport ist es das

Race Across America", erklärt Fasching. *„Ich will in erster Linie gewinnen und nicht meine Grenzen ausloten. Mein Ziel ist es, diese Grenzen gar nicht zu erreichen."* Auch wenn das bei diesem Bewerb unvermeidlich ist, „ich Tag für Tag in schwarze Löcher falle und im mühsamen Kampf, dort wieder herauszukommen, neue Dimensionen des Seins durchlebe".

1996: Wolfgang Faschings erstes Race Across America

Entschieden hat er sich im Mai 1995. „Ich beschloß, bei der Europaqualifikation von Bregenz nach Wien (über 800 Kilometer) an den Start zu gehen", sagt Wolfgang Fasching. Das Ergebnis stellt ihn zufrieden: zweiter Platz mit nur drei Minuten Rückstand hinter dem Weltklassetriathleten Lothar Leder, der als erster den Ironman (vier Kilometer schwimmen, 180 Kilometer auf dem Rad und danach noch ein Marathon) unter acht Stunden schaffte. Für Fasching ist dieser „ernsthafte Test" die Bestätigung, beim Race Across America (RAAM) mehr als nur eine Statistenrolle spielen zu können. Also macht er sich daran, Sponsoren aufzutreiben und ein Team für die Betreuung zu suchen. Die Kosten dafür gehen in die Hunderttausende: Aufwendungen für die medizinische Betreuung, für zwei Begleitfahrzeuge, Flüge und Verpflegung für acht Crew-Mitglieder, Telefon, mehrere Wochen Akklimatisationszeit.

Daneben besucht er noch vier Mal wöchentlich bis 22 Uhr die Fachakademie für Handel. Und ein ausgesprochen kalter Winter 1995/96 mit viel Schnee ist auch nicht behilflich dabei, dem Körper in der Vorbereitungsphase eine solide Ausdauergrundlage für das große Vorhaben zu verschaffen. Dennoch gelingt es ihm, 30 bis 40 Stunden in der Woche zu trainieren. Oft auch in der Nacht, dick eingemummt, um der Kälte trotzen zu können.

„Es war der helle Wahnsinn, ich habe furchtbar gelitten", erinnert sich Wolfgang. „Aber ich habe nie ein Training abgebrochen, das habe ich meinem Kopf und meinem Körper nicht gegönnt. Geist und Körper müssen eins werden, der innere Schweinehund darf gar nicht aufkommen. Wer ihn pflegt und dann versucht, gegen ihn anzukämpfen, der hat schon verloren."

Rund sechs Wochen vor dem Start des RAAM 1996 gewinnt Fasching ein letztes Testrennen in Alaska über 600 Kilometer. Nur eine Woche später legt er die letzte Prüfung an der Grazer Fachakademie als Handelsfachwirt mit Erfolg ab. Und dann geht es, Anfang Juli, drei Wochen vor dem Start, nach Los Angeles. Der Countdown läuft, als einer „meiner größten Tiefschläge" kommt. Wolfgang Fasching, der sich bis dahin noch keine wirklichkeitsnahe Vorstellung von der enormen Hitze in den Wüstengebieten Californiens und Nevadas machen konnte, erlebt dramatische Einbrüche. „Ich mußte praktisch bei Null beginnen. Am ersten Tag schaffte ich zehn Kilometer. Danach stieg ich wieder in das klimatisierte Betreuungsfahrzeug, sonst hätte ich durchgedreht." Am darauffolgenden Tag läuft es nicht besser. Wolfgang fährt fünf, sechs Kilometer leicht bergauf und ist bereits wieder nahe am Kollaps. „Ich riß mir den Helm herunter, aber es half nichts. Neuerlicher Abbruch des Trainings." Schritt für Schritt wird es schließlich besser: zunächst eine Stunde, dann eineinhalb, zwei

In seinem ersten Rennen quer durch die Vereinigten Staaten landete Wolfgang Fasching auf dem dritten Rang – ein wichtiges Lehrstück.

Vorbei am Grand Canyon: In den ersten Tagen des Race Across America ist die Hitze der größte Feind der Radrennfahrer.

Stunden, viel Flüssigkeit, und nach etwas mehr als einer Woche hält Wolfgang bereits vier Stunden lang auf dem Rad durch.

Nicht nur der Held ist von den Strapazen gezeichnet. Auch der betreuenden Mannschaft wird alles abverlangt.

Im Rennen klappt zunächst alles hervorragend. Der Südsteirer verkraftet die extreme Hitze außergewöhnlich gut, ständig mit Eis auf dem Rücken und mit Wasser, das ihm ins Gesicht gesprüht wurde, gekühlt. „Dabei achteten wir aber nicht darauf, die Radhose und das Sitzleder trocken zu halten. Die Folge war verheerend. Bereits nach 250 Kilometern hatte ich ein offenes Gesäß. Alle Versuche mit diversen Salben, einem Gel-Überzug über dem Sattel, einem Tape-Verband, also einer sogenannten zweiten Haut, machten das Radfahren zwar möglich, die Schmerzen blieben allerdings die Hölle. Heute noch habe ich Narben von Schnittwunden, wo sich der Tape in das Sitzfleisch gegraben hat."

Doch Wolfgang Fasching beißt die Zähne zusammen, die letzten 200 Kilometer stehend, weil Sitzen nicht mehr möglich ist. Es reicht für den dritten Platz: Nach etwas mehr als 4600 Kilometern, 8 Tagen, 14 Stunden und 8 Minuten im Sattel muß er nur den US-Routiniers Danny Chew (8 Tage, 9 Stunden, 14 Minuten) und Rob Kish (8 Tage, 9 Stunden, 50 Minuten) den Vortritt lassen. Chew war bereits zum vierten Mal am Start, Kish sogar schon zum elften Mal (dreimaliger Sieger).

„Ich habe nie ein Training abgebrochen, das habe ich meinem Kopf und meinem Körper nicht gegönnt. Geist und Körper müssen eins werden, der innere Schweinehund darf gar nicht aufkommen. Wer ihn pflegt und dann versucht, gegen ihn anzukämpfen, der hat schon verloren."

Die erste Reaktion nach diesen Torturen: „Nächstes Jahr bin ich mit Sicherheit nicht dabei."

Doch nach vier Wochen im Gips, weil die linke Achillessehne sich beim langen Stehend-Fahren fast aufgelöst hätte, dick geschwollen und extrem entzündet war, nach ausgiebigem Schlaf und überraschend schneller Regeneration der Muskeln und der schmerzenden Knie sieht die Welt für Wolfgang Fasching wieder anders aus. „Das Lehrjahr habe ich absolviert. Beim nächsten Mal will ich gewinnen."

1997: Der Weg zum Sieg

„Das Race Across America, ein Duell des Willens mit der Biochemie." So betitelte die angesehene deutsche Frankfurter Allgemeine Zeitung im August 1997 ihre Reportage über das längste und härteste Radrennen der Welt. Warum das härteste? RAAM-Mitbegründer Michael Shermer verweist darauf, daß jeder Teilnehmer während dieses Abenteuers täglich zwischen 8000 und 10.000 Kalorien verbrennt, mehr als in jeder anderen Sportart.

Doch die Physiologie ist nur ein Faktor. Ein wichtiger Faktor. Entscheidend ist bei diesem Rennen der Kopf, die mentale Stärke, der durch nichts zu erschütternde Wille, die Ostküste Amerikas erreichen zu wollen. Niemand weiß das besser als die Begründer dieses Rennens. Woher dieser Wille kommt, warum man sich in solche Extreme begibt? John Marino, der eigentliche Initiator, der schon 1978 einen Rekord für die Durchquerung des amerikanischen Kontinents aufstellte und damit ins Guinness Buch der Rekorde kam, weiß auch keine profunde, alles erhellende Antwort, aber er meint: „Ich glaube, alle Gründe können darauf zurückgeführt werden, daß es dabei um persönliche Befriedigung geht. Wer es schafft, erlebt ein unglaubliches Hoch. Nach diesem Rennen kann dich nichts mehr im Leben wirklich einschüchtern."

Marino benötigt 1978 von Santa Monica in Californien bis zu den Stufen der New Yorker City Hall 13 Tage, eine Stunde und 20 Minuten. Danach verwirklicht er seinen Traum, aus dieser Idee ein jährliches Rennen zu machen. Am 4. August 1982 um 10.06 Uhr, einem Mittwochmorgen, starten neben ihm noch Lon Haldeman, John Howard und Michael Shermer, alle mit Erfahrung in der Bewältigung von Extremdistanzen mit dem Fahrrad. Haldeman gewinnt auch in der für heutige Maßstäbe außergewöhnlichen Zeit von 9 Tagen, 20 Stunden und 2 Minuten.15 Stunden später kommt Howard ins Ziel, nach weiteren 9 Stunden Shermer und noch einmal eineinhalb Tage oder 37 Stunden danach John Marino.

Wolfgang Faschings Siegerzeit liegt 1997 nach exakt 4830 Kilometern bei 9 Tagen, 4 Stunden und 50 Minuten. Die Zeiten sind aber nur bedingt vergleichbar, weil immer wieder eine andere Strecke gewählt wird, unterschiedlich lang und schwierig. 1996 war der Südsteirer als Dritter beispielsweise um fast einen Tag schneller. Die Strecke war um rund 200 Kilometer kürzer, es gab weniger Berge zu überwinden, und die Witterungsbedingungen waren auch nicht so extrem. Den Rekord hält der dreimalige Sieger des Race Across America, Rob Kish: 8 Tage, 3 Stunden, 11 Minuten.

42 Jahre alt und bisher zwölf Mal am Start: der dreimalige Race Across America-Sieger Rob Kish.

Hart, abweisend und faszinierend zugleich, wie das Rennen selbst, zeigt sich auch die Natur (Monument Valley).

Die Vorbereitungsphase

Der große Unterschied in der Vorbereitung zwischen erstem und zweitem Antreten beim RAAM liegt für Wolfgang Fasching weniger in einer neuen Trainingsgestaltung. Er hat vielmehr endlich den Kopf frei für den Radsport. Keine anstrengenden Abende bis 22 Uhr in der Fachakademie, die Geschäftsführung des Kaufhauses übernimmt vollständig seine Frau Dagmar, und auch Sponsoren lassen sich jetzt leichter finden.Von nun an wird absolut professionell gearbeitet.

Frei im Kopf, alle Kräfte auf den Radsport konzentriert. So macht das Leben Spaß.

Wolfgang legt in der Vorbereitungsphase von November 1996 bis zum Start seines zweiten Race Across America am 24. Juli 1997 rund 25.000 Kilometer auf dem Rad zurück. Wobei er sein Wintertraining – im Süden Österreichs war es wiederum sehr kalt und schneereich – im Vergleich zum Vorjahr umstellt: „Ich habe sehr viele intensive Waldläufe gemacht und dabei auf Krafttraining Wert gelegt. Das heißt, ich habe mir sehr hügeliges Gelände gesucht und dabei auf 15 Kilometern oft 800 Höhenmeter bewältigt." Schwimmen, Konditionstraining in der Turnhalle, Skilanglauf sowie viele Stunden auf dem Ergometer ergänzten das Winterprogramm.

Dreh- und Angelpunkt in der Trainingsarbeit Faschings ist neben dem körperlichen Aufbau aber die Arbeit an der Psyche. Er variiert dabei seine Methoden ständig, um immer neuen Herausforderungen gegenüberzustehen. „Gerade im Winter nehme ich mir zum Beispiel vor, 40 Tage durchzutrainieren, ohne einen Tag Pause. Sicherlich sind hier auch regenerative Einheiten eingebaut. Aber wenn man es von der klassischen Trainingslehre beurteilt, dann ist das nicht sinnvoll. Sehr wohl aber für mich. Es geht mir dabei weniger

Wolfgang Fasching trainiert in der Vorbereitungsphase auch viel während der Nachtzeit, um sich an den Schlafentzug zu gewöhnen. Trainingseinheiten von 15 Stunden und mehr sind keine Seltenheit.

darum, möglichst optimal und rasch meine körperliche Fitneß zu steigern. Ich muß meine Psyche trainieren und auf die typischen Belastungen des RAAM einstellen. Das geht am besten, wenn ich vom Training bereits ausgebrannt bin. Dann nehme ich mir für die nächsten Tage ein volles Programm vor. Umso kälter und unfreundlicher das Wetter ist, desto besser."

Sehr gut bewähren sich, wie sich später im Rennen herausstellen sollte, ausgiebige Nachtfahrten, um sich an den Schlafentzug zu gewöhnen. Wolfgang Fasching radelt, vor allem im Frühjahr, immer wieder 15 Stunden und mehr, vom Nachmittag bis zum darauffolgenden Vormittag. Er absolviert Trainingseinheiten zwischen 400 und 600 Kilometern Länge. In der Nacht natürlich immer als Begleiterin dabei – Ehefrau Dagmar. Sie ist „vom gleichen Schlag". Daher zögert sie auch keine Minute, sich hinter das Steuer zu setzen, um Wolfgang nächtelang den Weg zu leuchten und mit Getränken und Nahrung zu versorgen.

Dagmar Fasching unterstützt die sportlichen Aktivitäten ihres Mannes vorbehaltlos. Sie ist beim Race Across America dabei und betreut ihn vorher auch auf nächtlichen Trainingsfahrten.

Selbstverständlich mit an Board ist sie auch beim Race Across America selbst: „Dieses Erlebnis muß ich mit ihm teilen, auch wenn er während des Rennens nicht auf mich hört." Wolfgang erklärt, warum er ihren Rat nicht annimmt: „Ihre Gefühle für mich sind zu stark, sie meint es immer zu gut mit mir. So könnte ich das Race nie gewinnen."

Ein praktisches Beispiel: Gegen Ende des RAAM 1997 hatte Wolfgang relativ viel Blut im Stuhl. „Ich habe es zufällig gesehen. Ich konnte mich nicht mehr halten, habe mit dem Arzt gebrüllt, warum sie mir nichts sagen und daß sie ihn nicht in den Tod hetzen sollen", erzählt Dagmar Fasching. Natürlich fällt es dann in der Hektik des Rennens auch den Betreuern nicht leicht, die richtigen Worte für eine im Grunde harmlose Sache zu finden: Durch das lange Sitzen auf dem Radsattel bilden sich Hämorrhoiden, die hin und wieder aufplatzen, vor allem beim Stuhlgang. Allein die helle Farbe des Blutes sagt dem Arzt, daß er sich um seinen Schützling keine großen Sorgen machen muß.

„Meine Psyche kann ich für das Race Across America am besten trainieren, wenn ich vom Training bereits ausgebrannt bin. Dann nehme ich mir für die nächsten Tage ein volles Programm vor. Je kälter und unfreundlicher das Wetter, desto besser."

Die Konsequenz daraus, um die Nerven nicht über Gebühr zu strapazieren: Dagmar hält sich viel im zweiten Betreuungsfahrzeug auf, einem Wohnwagen, in dem Wolfgang in den kurzen Pausen schläft. Im Gegensatz zum sogenannten Pace-car, das immer hinter dem Rennfahrer bleiben muß, kann das Home-car auch einmal vorausfahren oder hinten bleiben, um die Konkurrenz zu beobachten. So kann sich Dagmar Fasching davor schützen, die Leiden ihres Mannes immer hautnah miterleben zu müssen. Doch um wieder auf die Vorbereitungsphase zurückzukommen: Neben täglichen Trainingsfahrten zwi-

schen 200 und 300 Kilometern „streut" Wolfgang auch zwei 24-Stunden-Rennen ein. Sein Sieg bei der zweiten 24-Stunden-WM in Eldridge (US-Bundesstaat Iowa) am 28., 29. Juni, also knapp ein Monat vor dem Start des RAAM 1997, zeigt ihm, daß seine Form stimmt. „Ich brauche als Vorbereitung Grenzbelastungen, für den Kopf, aber auch, um den Körper wieder auf Flüssignahrung einzustellen."
Ganz so planmäßig ist dieser vom nackten Ergebnis her erfolgreiche Test dennoch nicht verlaufen. Die widrigen Witterungsbedingungen mit Regen, Sturm und Hagelschlag verursachen eine Verkühlung, die Fasching bis zum Rennen nur so recht und schlecht in den Griff bekommt. Vor allem auch, weil er, um sich zu akklimatisieren, zwei Wochen vor dem Start nach Las Vegas reist. Der ständige Wechsel von extrem heiß (40 bis 45 Grad im Freien) und klimatisiert kühl (20 bis 25 Grad im Hotel) ist für einen Europäer zunächst äußerst gewöhnungsbedürftig. Die Erkältung wird jedenfalls nicht schwächer. Zudem nimmt sich Wolfgang 1997 eine Woche weniger Zeit als 1996, um seinen Körper langsam an die Hitze anzupassen. Ein fataler Fehler, das sollte er schon bald nach dem Start merken.

Hochkonzentriert und angespannt.

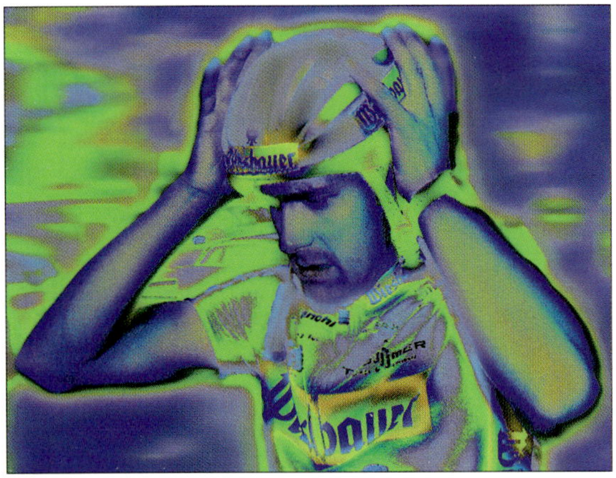

Der 1. Tag: Start am 24. 7. 1997 um neun Uhr in Los Angeles

„Ich habe in der Nacht vor dem Start sehr gut geschlafen, vielleicht bin ich etwas schwer eingeschlafen. Gefrühstückt habe ich wie ein Spatz, um mich schon auf die Flüssignahrung einzustellen." Wolfgang ist nicht wirklich nervös, aber die richtige Spannung für die nötige Konzentration ist da. Dann unnötige Hektik: Wolfgang läßt sich bewußt Zeit, um sich im Startbereich von Konkurrenz und Materialschlacht nicht aus der Ruhe bringen zu lassen. Die Veranstalter beginnen schon, ihn zu suchen. Als er endlich, knapp bevor es losgeht, im Startbereich erscheint, fehlen plötzlich die Schuhe. Doch die Wogen glätten sich rasch, die exakt an Faschings Füße angemessenen Radschuhe tauchen auf, der Startschuß fällt.

Small talk und gegenseitige Aufmunterung der Favoriten vor dem Start: der Sieger von 1996, Danny Chew (l.), der dreimalige Gewinner Rob Kish und Herausforderer Wolfgang Fasching.

Die Hitze der ersten Tage mit Temperaturen zwischen 40 und 50 Grad verlangt dem Körper alles ab. Die Anstrengungen stehen Fasching ins Gesicht geschrieben.

Von Los Angeles geht es zunächst am Südzipfel des Death Valley vorbei, mitten durch die Mojave-Wüste Richtung Las Vegas im US-Bundesstaat Nevada. Die Sonne brennt wie Feuer vom Himmel, das Thermometer pendelt sich bei 45 Grad ein. „Hier fragst du dich wirklich, welchen Sinn es macht, Temperaturen mit dem Attribut ‚im Schatten' anzugeben. Pralle Sonne, wohin du blickst, keine Chance auf einen Schatten."

Das in diesem Jahr 30köpfige Starterfeld (selektioniert nach Qualifikationsrennen) löst sich rasch auf. Mit dabei sind auch drei starke Frauen. Es wird sofort hügelig. Doch der Wind hilft den Athleten, indem er von hinten kräftig anschiebt. Wolfgang Fasching fährt mit dem sagenhaften Tempo von 40 bis 45 km/h. Harald Schwischei, der betreuende Arzt, macht sich schon Sorgen, ob das auch gut gehen kann. Zumal der Race Across America-Dritte des Vorjahres sich auch noch nicht mit kühlendem Wasser besprühen lassen will, um sich nicht gleich am Anfang zu sehr zu verwöhnen. Denn in diesem Jahr müssen die ersten drei Tage in den Glutöfen Nevadas und Utahs überstanden werden, bevor es in Colorado in die Rocky Mountains mit Paßstraßen bis auf 3500 Metern Höhe geht.

„Ich habe in keiner Sekunde ans Aufgeben gedacht. Ich habe nur meine Ziele etwas kürzer gesteckt, nicht mehr vom großen Sieg geträumt, sondern mir gesagt: Fahre jetzt einmal, schaue, daß du dich erholst, daß du da wieder rauskommst. Wirst du eben nur Zweiter oder Dritter, ist auch kein Problem, aber du kommst an der Ostküste an."

Die ersten negativen Zeichen machen sich bereits nach rund 150 Kilometern bemerkbar. Wolfgang merkt, „irgendetwas dreht nicht mehr richtig". Nach einem scharfen Linksknick, vorbei an großen, wild surrenden Windenergie-Parks, wird aus dem beschleunigenden Rückenwind plötzlich ein backofenheißer, zermürbender Gegenwind. Dazu steigt die Straße weiter an. Wolfgang muß das erste Mal stehenbleiben: „Ich halte das nicht aus." Er bekommt literweise kühlendes Wasser auf den Kopf, Eisbeutel, und er trinkt auch viel.

„Tempo reduzieren und normal weiterfahren", lautet von nun an seine Devise. Masseur Pepi Lienhart, der Bruder des ehemals sehr erfolgreichen Radrennfahrers Hans Lienhart, läuft immer wieder ein Stück neben Wolfgang her, um ihm Wasser ins Gesicht zu sprühen. „Wir waren damit am Anfang sicher

Selbst ist der Mann: Ein aufklappbares Fach im Helm ermöglicht es, Eiswürfel zu deponieren, um den Kopf zu kühlen.

etwas zu zurückhaltend. Aber wir hatten auch Angst, ähnlich wie im Vorjahr, wieder sein Gesäß durch eine nasse, scheuernde Hose zu ruinieren", meint Harald Schwischei.

Der Nachmittag des ersten Tages verläuft deprimierend. Wolfgang, der nach dem Start sofort an der Spitze lag, geht es immer schlechter. Er verliert Rang um Rang und fällt bis auf den neunten Platz zurück.

Plötzlich treten starke Kopfschmerzen auf, verursacht auch durch Eiswürfel auf dem Kopf, die man in ein selbstgebasteltes, aufklappbares Fach seines Sturzhelmes legt. Dazu kommt, daß Wolfgang wegen des starken Verkehrs nicht richtig mit Wasser gekühlt werden kann. Nach einem acht Kilometer langen Anstieg, bei brütender Hitze, am Abend gegen 21 Uhr: Wolfgang fällt fast vom Rad. Ihm ist furchtbar übel, er erbricht ständig, die Körpertemperatur liegt zwischen 38 und 39 Grad. Der Ort des Geschehens, wie von Hollywood gemacht: die Spielstätte des Teufels (Playground Devils) im Osten der Mojave-Wüste. Der Arzt diagnostiziert einen Sonnenstich, begleitet von einem Migräneanfall. Mit Hilfe von Infusionen wird versucht, dem Marathonmann wieder ins Gleichgewicht zu verhelfen. Wolfgang Fasching verliert mehr als eine Stunde, die er braucht, um wieder soweit hergestellt zu sein, daß er sich auf das Rad setzen kann.

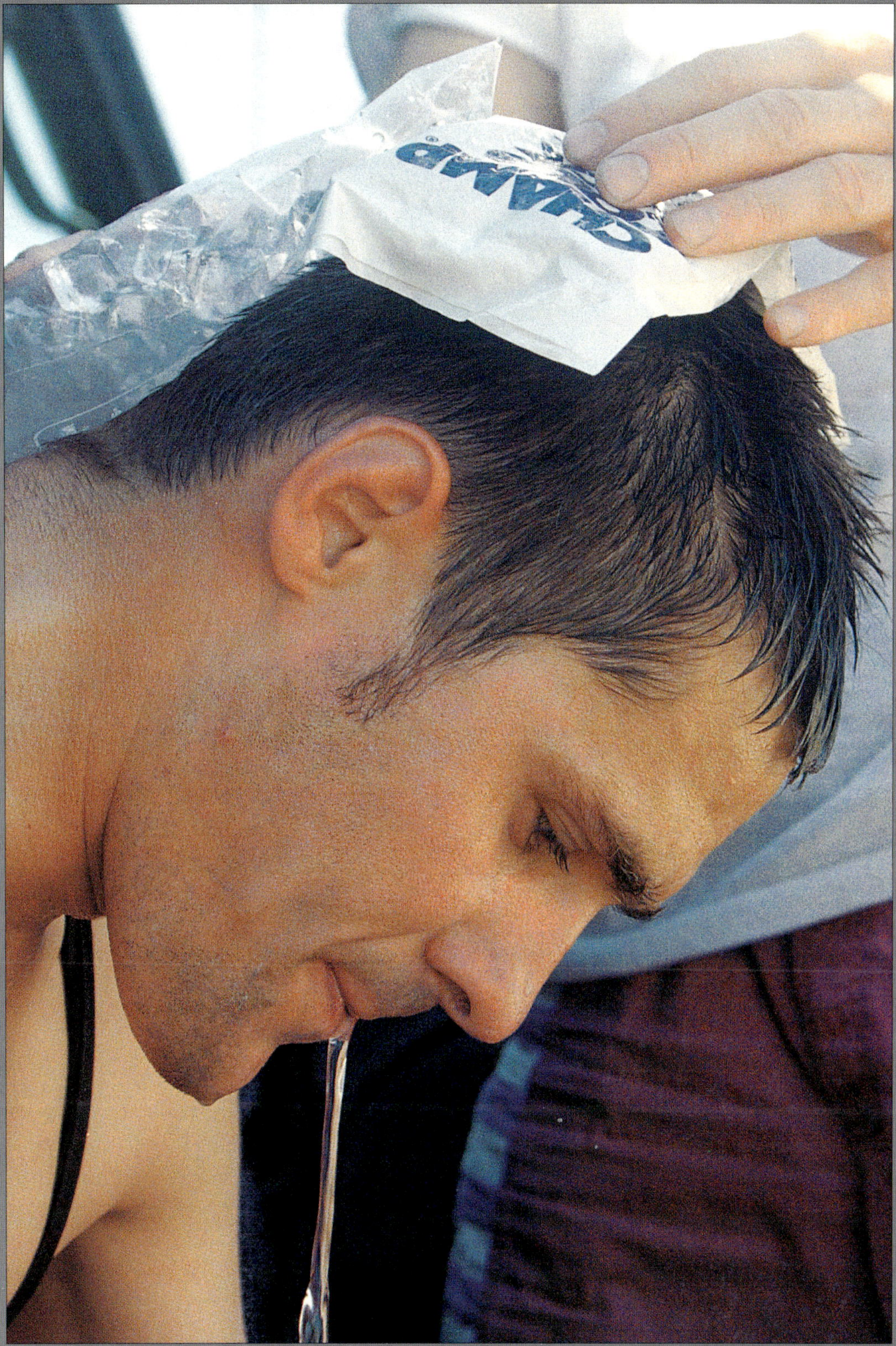

Ein Sonnenstich am ersten Tag des Rennens beendet vorerst alle Hoffnungen auf einen Sieg.

Weißbrotstücke mit viel Salz, das ist das erfolgreiche Rezept des betreuenden Arztes Harald Schwischei gegen den Natrium-mangel nach dem Einbruch.

Der Salzburger Herbert Meneweger überstand die Gluthölle der Anfangsphase bei seinem Start 1991 nicht – er mußte aufgeben.

„Das war der absolute Tiefpunkt des ganzen Unternehmens, nicht nur für den Wolfgang, sondern für die ganze Mannschaft. Scheiße, war das jetzt die Geschichte?" fragten wir uns (Pepi Lienhart). Ganz anders ihr Schützling: „Ich habe in keiner Sekunde ans Aufgeben gedacht. Ich habe nur meine Ziele etwas kürzer gesteckt, nicht mehr vom großen Sieg geträumt, sondern mir gesagt: Fahre jetzt einmal, schaue, daß du dich erholst, daß du da wieder rauskommst. Wirst du eben nur Zweiter oder Dritter, ist auch kein Problem, aber du kommst an der Ostküste an."

Harald Schwischei ist positiv überrascht, „wie schnell sich der Wolfi erholt. Ein Normalbürger hätte sicher zwei Tage benötigt, um wieder fit zu werden. Er hat ja praktisch mehrere Stunden lang alles von sich gegeben, was er an Flüssignahrung aufgenommen hat. Das ging auch an die Substanz." Die Laborkontrolle des Mediziners zeigt dann auch, daß beispielsweise die Natriumwerte (durch das Erbrechen) noch am nächsten Tag total „im Keller" liegen. Das erfolgreiche Rezept gegen diesen Mangel: Weißbrotstücke mit viel Salz darauf. Wolfgang: „Ich habe die Brote sang- und klanglos runtergeschluckt. Es waren täglich zwischen 15 und 17 Stück. Erst am siebenten Tag sagte ich dem Harry: So, jetzt reicht's mir."

Gegen Mitternacht des ersten Tages sitzt der Südsteirer, der sich so viel für dieses Rennen vorgenommen hatte, wieder einigermaßen hergestellt auf dem Rad. Er verträgt auch ganz dünn angerührte Flüssignahrung. Im Morgengrauen sieht dann die Welt für Wolfgang Fasching bereits viel freundlicher aus. Er kommt gut voran, tritt kräftig in die Pedale. Das Vertrauen in seine Fähigkeiten hatte er nie verloren. „Ich war überzeugt, daß ich mit Hilfe meiner Mannschaft wieder aus diesem Tief herausfinde."

Daß aber gerade diese Anfangsphase mit der extremen Hitze zu den wichtigsten im Race Across America zählt und sich dort kleine und kleinste Fehler sofort fatal auswirken können, mußte ein anderer Österreicher leidvoll am eigenen Leib erfahren. Das Antreten des Salzburgers Herbert Meneweger zu diesem Radrennen im Jahr 1991 wird durch eine Verkettung von Mißgeschicken und ansonsten eher harmlosen Fehlern zum Fiasko. Meneweger, ein heimischer Spitzenfahrer, verliert schon nach der ersten Zeitstation sein Begleitfahrzeug. „Ich bin bei 50 Grad regelrecht verdurstet. In meiner Not bat ich einen Konkurrenten um Flüssigkeit. Leider befanden sich darin Eiswürfel. Ich bekam starken Durchfall."

„Wenn es tagsüber 45 Grad hat, dann erlebt man 30 Grad in der Nacht als wunderbar angenehm. Spürbar kühler wird es ohnehin erst nach zwei Uhr früh. Bis dahin strahlt der Asphalt enorm viel Wärme ab. Zuerst kommt die Hitze von oben und dann von unten."

Die seelische Verfassung Menewegers, der bereits nach wenigen Kilometern alle Träume im Schweiße seiner Wut davonfließen sieht, aber auch die gereizte Stimmung der Mannschaft kann man sich leicht ausmalen. Ein Mißton erzeugt den nächsten, und innerhalb kurzer Zeit ist das gemeinsame Ziel aus den Augen verloren. Fehler um Fehler sammelt sich an. Meneweger kämpft sich über die erste Nacht, hat am zweiten Tag bereits fünf Kilo verloren, ehe er nach einem neuerlichen Zusammenbruch endgültig das Handtuch werfen muß. „Ich habe aus dieser Niederlage aber auch sehr viel gelernt. Vor allem muß man das, was man macht, mit aller Konsequenz und Genauigkeit vorbereiten", sagt der heute 34jährige Meneweger. Inzwischen ist er führend in der Versicherungsbranche tätig.

Der 2. Tag: „Tagsüber überleben, in der Nacht aufs Tempo drücken"

„Es war für ihn enorm wichtig, daß er die Nahrung im Magen behält", betont Arzt Harald Schwischei im Zusammenhang mit Wolfgang Faschings Einbruch am ersten Tag des RAAM 1997. Ein Handicap, an dem der Extremsportler leidet: Beim Übergang von der Speiseröhre in den Magen funktioniert der Klappverschluß nicht. Aus diesem Grund neigt er relativ leicht zum Erbrechen, wenn die Nahrung den Magen nicht schnell genug verläßt. Doch alles geht jetzt nach Plan, endlich. „Mein Motto lautete von nun an: Am Tag überleben und in der Nacht aufs Tempo drücken. Ich glaube, ich bin dann tagsüber ganz gut gefahren und in der Nacht noch besser."

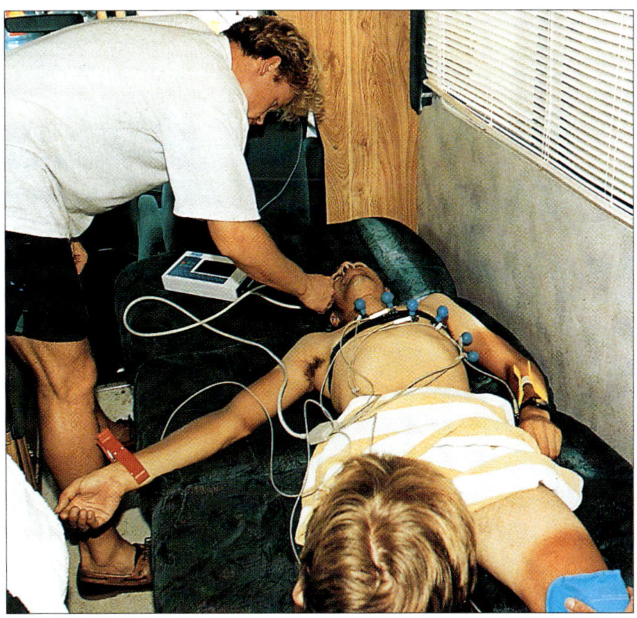

Blutdruck, EKG, Elektrolythaushalt: Ohne ständige medizinische Überwachung läßt sich ein hohes Leistungsniveau auf Dauer nicht aufrechterhalten.

Wolfgang verträgt die Flüssignahrung, speziell auf ihn abgestimmte und mühsam ausgetestete Kohlehydrat- und Eiweißgetränke, hervorragend. Er füllt sein Kaloriendefizit vom Vortag überraschend gut auf

Bianchi
IBM
SUS 21
161
YCL 52L

und startet eine gewaltige Aufholjagd. Am Abend des zweiten Tages überholt er nach insgesamt 850 Kilometern an der Staatsgrenze von Utah Vorjahressieger Danny Chew und liegt bereits wieder auf dem zweiten Rang – vor ihm „nur" eine Frau, die Seriensiegerin bei den Damen im Race Across America, Seana Hogan. Eine sogenannte Durchstarterin mit einer Oberschenkelmuskulatur, die selbst die Männer im Teilnehmerfeld vor Neid erblassen läßt. Jedes Jahr legt sie in den ersten Tagen ein enormes Tempo vor, das kaum jemand mitzugehen wagt. Schwierigkeiten hat sie regelmäßig erst in den Rocky Mountains, wenn auf langen, steilen Anstiegen das von Natur aus größere Kraftpotential der Männer im oberen Leistungsbereich zum Tragen kommt. Gerade hier kann sich auch die starke Muskulatur Hogans negativ auswirken. Gute Bergfahrer zeichnen sich durch schlanke Beine und wenig Gewicht aus. Je weniger Masse, umso leichter tut sich das Herz mit der Blutversorgung.

Seana Hogan versetzt die Männer alljährlich in ungläubiges Staunen. Sie startet immer mit einem unglaublichen Tempo. 1997 lag sie drei Tage lang in Führung.

Bis zu den Bergen ist aber die Hitze der schärfste Widersacher der Athleten: „Wenn es tagsüber 45 Grad hat, dann erlebt man 30 Grad in der Nacht als wunderbar angenehm. Spürbar kühler wird es ohnehin erst nach zwei Uhr früh. Bis dahin strahlt der Asphalt enorm viel Wärme ab. Zuerst kommt die Hitze von oben und dann von unten", erklärt Wolfgang.

Zwischendurch führte dieses Phänomen sogar zu „Glaubenskriegen". Pepi Lienhart: „Wolfgang sagte immer wieder einmal des nachts, es sei wärmer geworden. Wir, im klimatisierten Betreuungsfahrzeug, wußten es natürlich besser. Das gibt es nicht, die Sonne ist ja schon weg. Daraufhin wurde er dann meist unwirsch und schimpfte: Fahrt ihr einmal hier heraußen!"

Auch die Nächte sind in der Anfangsphase heiß. Der Asphalt strahlt enorme Wärme ab.

Bis elf Uhr nachts an diesem zweiten Tag ist Wolfgang Fasching praktisch 24 Stunden nonstop durchgefahren. Der Druck im Kopf ist weg, das Gesäß macht im Gegensatz zum Vorjahr auch keine Probleme, die Beine sind gut. „Es rollte ausgezeichnet. Ich war mit dem Vorsatz in den zweiten Tag gegangen, heute muß ich zunächst Zeit gutmachen, die ich bisher verloren habe. Damit meinte ich gar nicht so sehr, viel schneller als die anderen zu fahren, sondern vor allem auf kurze Pausen zu verzichten. Während des ganzen zweiten Tages gab es nicht einmal 20 Minuten, in denen ich nicht auf dem Rad saß."

Der Kapitän der Betreuungsmannschaft, Fotograf und Protokollchef Josef Pail, sagt, daß Wolfgang vor allem in der Mittagszeit wieder unter der großen Hitze gelitten habe. Aber Rennfahrer und Crew haben dieses Mal alles im Griff. Der Schlüssel zum Erfolg liegt in dieser Phase einfach darin, daß er fast ununterbrochen im Gesicht mit Wasser besprüht wird.

Der fehlende Schlaf provoziert immer wieder körperliche und mentale Krisen. Volle Konzentration ist notwendig, um rasch aus den Tiefs wieder herauszukommen.

Um halb zwölf Uhr nachts legt sich Wolfgang das erste Mal in diesem Rennen, abgesehen von der Unterbrechung nach dem Sonnenstich, für eine Stunde zum Schlafen hin. Davor macht Harald Schwischei noch ein EKG und testet den Elektrolythaushalt im Blut. Lienhart versucht, mit leichter Massage, Dehnungs- und Mobilisierungsübungen Muskeln und Bewegungsapparat zu lockern.

In dieser Nacht auf den dritten Tag wird es erstmals relativ kühl. Die Temperaturen sinken auf knapp 15 Grad, Wolfgang muß sich warm anziehen.

„Während eines Tiefs fühlst du dich körperlich und geistig leer. Aber mit dem bißchen Geist, der dir noch bleibt, mußt du wieder alle Energie sammeln, um auf das Ereignis zurückzukommen. Ich bin da hochkonzentriert, voll bei der Sache, sonst geht alles den Bach hinunter."

In den Morgenstunden schlittert er dann in eine neue Krise, die Müdigkeit übermannt ihn, er kippt fast vom Rad. „Der Kopf fällt dir auf einmal weg, wie beim Fernsehen, wenn man zwischendurch einnickt. Und beim Treten, du tritts vorwärts, kommt dir auf einmal vor, als würdest du rückwärts fahren. Plötzlich geht die Kurbel zurück, alles ganz eckig. In diesen Phasen habe ich immer jemanden gebraucht, der mit mir geredet hat, egal was, und war es noch so belangloses Zeug."

Doch in diesem Rennabschnitt kommt neben dem spürbaren Schlafdefizit noch ein weiteres Problem dazu: Fasching gleitet auch in ein kräftemäßiges Tief. Er will seine Mannschaft nicht sehen, schickt das Begleitfahrzeug voraus. Er will nicht beobachtet werden, wenn sein Tempo auf 20 km/h oder noch weiter hinuntersinkt. „Das kann manchmal bis zu zwei Stunden dauern. In diesen Tiefs fühlst du dich körperlich und geistig leer. Aber mit dem bißchen Geist, der dir noch bleibt, mußt du wieder alle Energie sammeln, um auf das Ereignis zurückzukommen. Ich bin da hochkonzentriert, voll bei der Sache, sonst geht alles den Bach hinunter."

Der 3. Tag: „. . . das wäre, als würden Männer Kinder bekommen."

Jeder Tourist würde sich voller Erwartung und Vorfreude von den landschaftlichen Schönheiten im Monument Valley verzaubern lassen, die auf die Rennfahrer am dritten Tag warten. „Die Naturschönheiten lassen einen völlig kalt", erklärt Fasching, „du nimmst das alles zwar wie durch einen Schleier wahr, kannst und willst dich aber nicht damit auseinandersetzen, weil du mit deinem Körper, deinem Kopf mehr als genug beschäftigt bist."

Noch dazu, wenn eine Frau zunächst die Männer hinter sich läßt, was bei extremen Ausdauerbewerben wie dem Race Across America für Sportmediziner gar nicht so verwunderlich ist. Je länger und gleichmäßiger Ausdauerbelastungen werden, umso geringer wird der Leistungsunterschied zwischen Männern und Frauen.

Die Umgebung nimmt Fasching nur wie durch einen Schleier wahr. Der Körper verlangt die volle Konzentration.

Wild lebende Pferde in den Indianerreservaten Arizonas.

Jedenfalls: Hogan führt auch am dritten Tag das Feld noch mit rund einer Stunde Vorsprung auf den Zweitplazierten, Wolfgang Fasching, an. Der knabbert allerdings mehr an dieser Tatsache, als ihm lieb ist: „Wenn die Hogan gewinnt, dann stelle ich mein Rad in die Ecke. Das wäre ja so, als würden die Männer plötzlich Kinder bekommen."

Sepp Pail: „Wolfgang hat sie gehaßt, bis zu dem Zeitpunkt, in dem er sie überholte." Fasching, blödelnd: „Unsinn, das war gar nicht so schlimm. Das Problem war nur, daß meine Frau, die Dagmar, mit war, sonst wäre ich bis zur Ziellinie hinter ihr hergefahren."

Rückenwind wird an diesem dritten Tag, als die Strecke auch durch Indianerreservate in Arizona führt, zum Verbündeten für den Südsteirer. Er kann ein konstant hohes Tempo ohne Probleme fahren. Der Puls liegt bei 120 bis 140 Schlägen in der Minute, mehr erlaubt der Körper ab diesem Zeitpunkt gar nicht mehr. Im Gegensatz dazu bewegte sich Fasching in den ersten beiden Tagen immer wieder bei Pulswerten zwischen 160 und 180.

Sorgen – Rötungen und einige offene Stellen – bereitet erstmals das Gesäß. Doch gewarnt von den Erfahrungen des Vorjahres handelt man rechtzeitig. Auf Wolfgangs Rad wird ein extrem weicher Gelsattel montiert. Tinkturen und Salben aus dem Schatzkoffer des Masseurs wirken wahre Wunder, wenn auch die Behandlung einer Tortur gleicht. Lienhart: „Die Tinktur auf den offenen Stellen brannte höllisch. Wolfgang hat vor Schmerzen am ganzen Körper gezittert und in den Polster gebissen." „Der Schmerz war einfach höllisch, wie wenn du Alkohol in eine offene Wunde träufelst", erinnert sich Wolfgang. Zum ersten Mal mischt sich auch Blut aufgesprungener Hämorrhoiden in den Stuhl. Doch der Mediziner gibt Entwarnung, das Bluten hört sofort wieder auf.

Viel größeres Kopfzerbrechen bereitet der Mannschaft zu diesem Zeitpunkt das Verhalten der Rennleitung. „Wir erhielten eine Zeitstrafe von 15 Minuten, weil Wolfgang eine Stopptafel überfahren haben soll. Er hat sich dort aber wie immer verhalten, kurz abgebremst, sich vergewissert, ob kein Fahrzeug kommt, und dann erst ist er über die Kreuzung gefahren", erzählt Sepp Pail. Gleichzeitig erhielt Seana Hogan eine Gutschrift von einer Stunde, weil es in ihrem Roadbook (Streckenbeschreibung) offensichtlich einen Fehler gab. Pail: „Das haben wir dem Wolfi mit Rücksichtnahme auf sein Nervenkostüm gar nicht gesagt."

Die Schutzmechanismen des Körpers funktionieren. Ab dem 3. Tag läßt sich der Puls kaum noch über 140 Schläge in der Minute treiben.

Man kann darüber rätseln, ob man alles unternehmen wollte, daß eine Frau das Rennen gewinnt. Oder ob sich ein Europäer als Race Across America-Sieger in den Vereinigten Staaten nicht so gut vermarkten läßt wie ein Einheimischer. Tatsache blieb am Ende des Rennens jedenfalls, daß alle verbliebenen Teilnehmer (neun Starter kamen ins Ziel) im Durchschnitt rund eine halbe Stunde Strafzeit auf ihrem Konto angesammelt hatten.

Dritter Tag, der fünfte Bundesstaat, mit rund 1600 Kilometern in den Beinen: Nach Kalifornien, Nevada, Utah, Arizona kommen die Rennfahrer jetzt nach Colorado. Die Rocky Mountains „warten". Erste kleinere Unstimmigkeiten treten in der Mannschaft Faschings auf. Jeder will tagsüber das Rennen verfolgen. In der Nacht ist es dann schwer, jemanden zu finden, der die Betreuungsfahrzeuge lenkt.

Wolfgang und seine Crew überlegen, ob er noch den ersten großen Berg, den Wolf Creek-Paß mit 3500 Metern Höhe und einem Anstieg von mehr als 20 Kilometern Länge, in Angriff nehmen oder zuvor eine Schlafpause einlegen soll, um diese schwierige Hürde, vergleichbar mit einer Fahrt auf den Großglockner, einigermaßen erholt in Angriff zu nehmen. Vor allem weiß man nicht, wie die unmittelbaren Konkurrenten reagieren werden. Hogan hat noch rund 50 Minuten Vorsprung, Chew fährt knapp hinter Fasching.

Doch egal, was die beiden machen: Man entschließt sich für eine längere Erholungsphase, sprich mindestens zwei Stunden Schlaf. Chew radelt inzwischen weiter.

„Meine Schwägerin und mein Schwager, die Musiker sind, haben zu Hause eine Kassette mit allen Nichten, Neffen und meiner Tochter bespielt – mit Gedichten, Witzen und Musik. Unter anderem sagt meine kleine Simone darauf: ‚Lieber Papa, ich halte dir ganz fest die Daumen.' Das hat mich sehr berührt und wurde in den nächsten Tagen so etwas wie ein Grund-Satz für mich, der mir immer wieder durch den Kopf ging."

Medizinische Tests, Massage, Gewichtskontrolle – das übliche Programm: Die Waage zeigt: Wolfgang hat noch kein Gramm verloren. Er mußte also noch nicht von seiner Fettschicht zehren, die er sich vor dem Start des Rennens bewußt angegessen hatte als Sicherheitsdepot. Mit 76 Kilogramm fuhr er in Los Angeles weg. Nur zwei Kilogramm weniger, sein Normalgewicht, hat er schließlich in Savannah.

Erstmals bekommt er, abgesehen von den kleinen Weißbrotstücken mit viel Salz, etwas Festes zwischen die Zähne. „Den Schinken-Käse-Sandwich habe ich gierig verschlungen, zusätzlich zur langweiligen Flüssignahrung brauche ich hin und wieder eine kulinarische Abwechslung."

Um halb drei Uhr früh in der Nacht auf den vierten Tag startet Wolfgang Fasching Richtung Wolf Creek-Paß. Hogan und Chew hatten sich ebenfalls hingelegt. Wolfgang fährt an ihren Wohnmobilen vorbei. Hogan ist damit eingeholt, Fasching übernimmt die Führung. Doch seine Konkurrenten reagieren sofort und satteln auf. Und dann gleich ein neuer Tiefschlag: Das Betreuungsfahrzeug ist zu spät losgefahren, Wolfgang radelt regelwidrig, ohne Begleitung, in die Nacht hinein. Wenn es auch nur ein paar hundert Meter waren, Grund genug für die Rennrichter, wieder eine Zeitstrafe von 15 Minuten zu verhängen.

„Ich habe mich davon aber nicht wirklich beeindrucken lassen. Das Rennen hatte in Wirklichkeit noch gar nicht begonnen." Wesentlich nachhaltiger wirken der Temperatursturz und wiederholt kräftige Regenschauer. Von 40 bis 50 Grad in den ersten drei Tagen auf nunmehr null bis fünf Grad. Nachdem er knapp zwei Stunden sehr gut geschlafen hat, fühlt er sich ausgezeichnet ausgeruht. „Dieser Tag wird ganz wichtig für mich, ich will eine kleine Vorentscheidung", erklärt Fasching.

Der 4. Tag: „Lieber Papa, ich halte dir ganz fest die Daumen."

Am vierten Tag kommt es zu einem spannenden Schlagabtausch, nicht nur fahrerisch, vor allem auch psychologisch. Am frühen Morgen erreicht Wolfgang die Paßhöhe, es ist bitter kalt, nur knapp über null Grad. Für die Abfahrt vom Wolf Creek-Paß wird er warm mit Zeitungen, Thermojacken und dicken Überschuhen eingepackt. Die Verfolger liegen deutlich zurück, riskieren in der darauffolgenden Abfahrt aber viel mehr als Fasching. Als er dann im folgenden Flachstück eine kleine Pause macht, dabei eineinhalb Wurstsemmeln verdrückt, überholt ihn Hogan erneut. Sie triumphiert lauthals: „Erstmals in der RAAM-Geschichte überholt eine Frau den Gesamtführenden." Wolfgang fühlt sich provoziert und wird ausfällig: „Was will denn dieser Doppel?" Es schüttet zwischendurch immer wieder in Strömen. Regengewand an, Regengewand aus. Einmal führt Fasching, dann erneut Hogan. Small talk, wenn sie Kopf an Kopf fahren. Hogan klopft dem Steirer freundschaftlich auf die Schulter. Wolfgang bleibt gelassen. Die Konkurrenz scheint ihn, trotz seines dritten Platzes im Jahr davor, noch immer nicht ernst genug zu nehmen. Er weiß, seine Stärken liegen in den Bergen. Auch wenn sie mannsdicke Oberschenkel hat, wird sie kräftemäßig auf den nächsten großen Pässen nicht mithalten können.

Kurze aber umso heftigere Regenschauer erschweren das Rennen in den Rocky Mountains zusätzlich.

Faschings Mannschaft merkt aber, daß ihr Schützling jetzt mentale Hilfe braucht. Sie überraschen ihn mit einer Kassette, die sie ihm bei voller Lautstärke über Lautsprecher vorspielen. Wolfgang: „Meine Schwägerin und mein Schwager, die Musiker sind, haben zu Hause eine Kassette mit allen Nichten, Neffen und meiner Tochter bespielt – mit Gedichten, Witzen und Musik. Ich hatte keine Ahnung davon gehabt. Unter anderem sagt meine fünfeinhalbjährige Tochter Simone darauf: ‚Lieber Papa, ich halte dir ganz fest die Daumen.' Das hat mich sehr berührt und wurde in den nächsten Tagen so etwas wie ein Grund-Satz für mich, der mir immer wieder durch den Kopf ging." Auch folgender

Dichter als jeder Überschuh aus dem Sportartikelgeschäft: Plastiksackerl.

Während Seana Hogan in den Bergen das Hinterrad Faschings nicht mehr „halten" kann, läßt sich Danny Chew nicht abschütteln.

Witz, erzählt von Steffen, einem Neffen Wolfgangs, trägt zur Aufhellung des Gemüts bei: „Spielen zwei Fische im Wasser. Es regnet. Sagt der eine zum anderen: Komm', schwimmen wir unter die Brücke, damit wir nicht naß werden."

Die Form stimmt nun. Hogan kann das Tempo Faschings im Anstieg zum La Veta-Paß (3000 Meter) nicht halten. Sie wird von nun an sein Hinterrad nicht mehr sehen und mit insgesamt 21 Stunden Rückstand als Gesamtvierte ins Ziel kommen. Wolfgang: „Ihre Leistung ist phänomenal gewesen, trotz der Schwierigkeiten, die sie in den Bergen hat. Bei leichterer Streckenführung könnte es sein, daß es für uns Männer noch enger wird, die Nase vorn zu behalten." Hogans Stärken liegen sicher auch in einer außergewöhnlichen mentalen Verfassung. Sie versucht, ähnlich wie Fasching, im Training alles, um die äußeren Bedingungen für sich zu erschweren. So legt sie oft lange Trainingseinheiten mit einem Motorradhelm auf dem Kopf zurück.

„Ich bin immer sehr glücklich, wenn es hell wird, umgekehrt aber auch, wenn die Nacht kommt. Die Nacht bedeutet Abkühlung, die nahende Schlafpause, Erholung. Andererseits: Wenn es ganz finster ist, keine Häuser oder Ortschaften in der Nähe sind, dann hast du das Gefühl, als wären rechts und links von dir Mauern, so wie in einem Tunnel, der nach oben offen ist. Das ist erdrückend, beklemmend und verlangt sehr viel Konzentration."

Nach dem La Veta-Paß muß Fasching das Rad wechseln, weil der Rahmen am hinteren Ausfallende bei der Schaltung gebrochen ist. Fieberhaft wird versucht, über den Sponsor ein neues Ersatzrad aufzutreiben. Was auch unbürokratisch gelingt. Die Betreuer erhalten im nächsten Fahrradgeschäft, das an der Strecke liegt und Bianchi führt, alles, was sie brauchen.

Zum ersten Mal machen dem jüngsten Teilnehmer des Starterfeldes in den Bergen Colorados die Knieschmerzen schwer zu schaffen. Doch Wolfgang bewältigt auch den dritten Dreitausender dieses vierten Tages, den Cuchara-Paß (3200 Meter), mit zügigem Tempo. Umso mehr ist er verblüfft, als dort oben Vorjahressieger Danny Chew neben ihm auftaucht. Der Amerikaner kennt alle taktischen Kniffe, hält sich oft unauffällig, aber dicht hinter Fasching auf. In Schlüsselszenen zeigt er seinem Gegner aber, wie stark er ist, daß er alles unter Kontrolle hat. Noch.

Die Nacht vom 4. auf den 5. Tag offenbart, wie sehr auch die Betreuer an die Grenzen ihrer Belastungsfähigkeit kommen. Während Wolfgang mit Sepp Pail plaudert, nickt dieser ein. Jetzt ist es Wolfgang Fasching, der, parallel zum Begleitfahrzeug fahrend, seinen Freund mit einem kleinen Schubser wieder aus dem Land der Träume holt.

Auch die Betreuer müssen in den Begleitfahrzeugen hochkonzentriert arbeiten. Fehler können fatale Folgen haben.

Weniger erheiternd, weil folgenschwerer, ist aber ein Fehler der Crew im Wohnwagen. Dort vergißt man zu tanken. Auf rund 200 Kilometern keine Tankstelle. Endlich, in einer wahren Nacht-und-Nebel-Aktion, wird eine Zapfsäule ausfindig gemacht. Nur ist gegen Mitternacht alles verschlossen. Eine Magnetkarte, die das Tanken ohne Bedienung möglich machen würde, fehlt. Bis endlich ein hilfsbereiter Amerikaner in einem Cafe aufgetrieben ist, der mit seiner Karte die Situation rettet, ist weitere wertvolle Zeit verstrichen. Wolfgang, total durchnäßt vom Regen, muß seine Schlafpause, die er, wie jeden Tag, um elf Uhr nachts antreten wollte, auf 0.30 Uhr verschieben.

Eiserne Regel in solchen Momenten: Schuldzuweisungen und Streitereien vermeiden, damit die Situation nicht eskaliert. „Ich bin dann ruhig und sage gar nichts, auch wenn ich mich, wie in diesem Fall, mit der Situation kaum abfinden kann. Es ist ständig hügelig, es regnet, finster ist es, die Reservekleidung fehlt, körperlich geht es mir nicht gut. Da kommst du schon ins Grübeln, wie so etwas passieren kann. Da fährst du wie der Henker, und deine Leute sind nicht in der Lage, rechtzeitig zu tanken", erklärt Wolfgang. Ganz ohne Dampf abzulassen, geht es dann auch nicht ab: „Touristenbus! Ihr mit eurem Wohnmobil seid mir ungeheuer, während des ganzen Rennens sehe ich euch ja kaum."

Und dennoch: Noch einmal ist alles relativ glimpflich verlaufen. Nach der ärztlichen und physiotherapeutischen Betreuung schläft der zu dieser Zeit Führende im Race Across America rund eineinhalb Stunden. Plötzlich ist dann nicht nur Chew da, sondern auch Rob Kish, der dreimalige RAAM-Sieger, überholt Wolfgang Fasching. Der Mann aus Deutsch-Goritz fällt damit auf den dritten Rang zurück.

Rob Kish: Knapp vor Halbzeit taucht er an der Spitze auf.

Der 5. Tag: Noch ist alles offen.

Der 5. Tag sollte, im Rückblick betrachtet, die entscheidende Wende bringen, wenngleich es nach wie vor ein Kopf-an-Kopf-Rennen war: in Texas, auf elendslangen Geraden, die bis zum Horizont reichen, mit öden, verdorrten Landstrichen, bei flimmernder Hitze um die 40 Grad.

Davor lag aber noch, wie in jeder Nacht, das sehnsüchtige Warten auf die Morgendämmerung gegen sechs Uhr früh. „Immer wieder fragt er uns, wann es denn soweit ist, am ersten Tag vielleicht fünf Mal, am letzten Tag sicher 75 Mal", betont Crew-Mitglied Heiko Lenz, der mit sensationell wenig Schlaf auskommt und die meiste Zeit von allen am Steuer des Begleitfahrzeuges sitzt. Wolfgang Fasching erklärt: „Ich bin immer sehr glücklich, wenn es hell wird, umgekehrt aber auch, wenn die Nacht kommt. Die Nacht bedeutet Abkühlung, die nahende Schlafpause, Erholung. Andererseits: Wenn es ganz finster ist, keine Häuser oder Ortschaften in der Nähe sind, dann hast du das Gefühl, als wären rechts und links von dir Mauern, so wie in einem Tunnel, der nach oben offen ist. Das ist erdrückend, beklemmend und verlangt sehr viel Konzentration. Ich glaube, daß meine Konkurrenten damit auch große Probleme haben."

Doch auch der Übergang von Nacht auf Tag dient Wolfgang als eine von vielen psychischen Brücken, die er sich baut, um weiterkämpfen zu können und nicht aufzugeben. „Es wird hell, man fühlt sich freier."

Zu diesen mentalen Hilfestellungen Faschings im RAAM gehört auch, so wenig wie möglich an das Ziel in Savannah zu denken. „Ich orientiere mich immer an der nächsten Zeitstation, die in regelmäßigen Abständen, insgesamt sind es 63, kommen. 80 Kilometer kann ich ja problemlos fahren, sage ich mir dann. Oder: Nach jedem Schlafen visiere ich bereits die kommende Pause als nächstes Ziel an", erzählt Fasching. „Im Grunde bin ich aber völlig orientierungslos. Wenn ich nicht die Sonne hätte, die morgens vor mir auf- und abends hinter mir untergeht, könnten sie mit mir im Kreis fahren, und ich würde es nicht merken."

„In der Nacht hast du das Gefühl, als wären rechts und links von dir Mauern, so wie in einem Tunnel, der nach oben offen ist."

Und weiter: „Dann fahre ich ohne Uhr und Kilometerzähler, weil mich das Energie kosten würde, die ich für das Radfahren brauche. Du mußt zeitlos sein, nur die innere Uhr darf zählen. Es geht dir zum Beispiel schlecht, du schaust auf den Tacho und siehst, daß du nur 20 km/h fährst, eigentlich solltest du aber mit 30 km/h unterwegs sein. Das macht dich verrückt. Genauso ist es, wenn du ständig auf die Uhr schaust: Halb drei, aha. Zehn Minuten später schaust du wieder. Was, noch immer nicht mehr Zeit vergangen? Ich fahre nur mit meinem Körper und meinem Geist. Ich möchte mich sonst mit nichts anderem auseinandersetzen müssen."

Die endlosen Geraden, die Hitze (Wolfgang wird wieder mit Wasser besprüht) – der Steirer holt auf, vor allem bei den Steigungen. Er schiebt sich langsam aber sicher an die Spitze. Ein Wolkenbruch, der blitzartig wie aus dem Nichts entsteht, wird zum Lockern der Muskeln und zum Behandeln des Gesäßes (desinfizieren, frische Salbe) im Begleitauto genützt.

Masseur Pepi Lienhart aktiviert mit Akupunktur-Massage wichtige Körperfunktionen.

Hitze, Sandstürme und dazu die ernüchternde Erkenntnis: Es wird einen Tag länger dauern, als ursprünglich geplant.

Knapp vor Amarillo muß sich Wolfgang nach einem Gespräch mit Danny Chew, mit dem er ein paar Minuten zusammen gefahren ist, erstmals in diesem Rennen damit auseinandersetzen, daß die Strecke heuer nicht in acht Tagen zu schaffen sein wird. „Ich hatte immer mit acht Tagen gerechnet, ich war geistig darauf eingestellt. Daß ich nun plötzlich einen Tag länger fahren sollte, das wollte ich zunächst nicht wahrhaben. Zusammen mit Chew habe ich lange hin- und hergerechnet. Aber wir sind immer zum gleichen Ergebnis gekommen."

Müde und ausgepumpt – am liebsten würde man alles hinwerfen.

Sich geistig neu zu orientieren, „einzurichten", wie Wolfgang sagt, macht ihm zu diesem Zeitpunkt mehr zu schaffen als seine körperlichen Schmerzen und Beschwerden; wie etwa die völlig blutverkrustete Nase, durch die er kaum Luft bekommt. Durch seine Verkühlung am Start waren ihm kleine Äderchen geplatzt, die nicht verheilten, weil sie Wolfgang entweder durch Kratzen oder heftiges Atmen immer wieder neu aufriß. „Das ist lästig, behindert dich aber nicht beim Radfahren und läßt sich daher relativ leicht verdrängen. Allerdings wurden die Knieschmerzen zunehmend zu einem wirklichen Problem. Teilweise waren sie extrem, streckenweise spürte ich dann aber auch fast gar nichts."

Besonders schlimm war es für Fasching, als er am 7. Tag zur Überquerung des Mississippi in Memphis (Tennessee) in das Begleitauto einsteigen und dabei seine Beine abwinkeln muß. Radfahrer dürfen auf der rund fünf Kilometer langen Brücke nicht fahren. „Ich bin im Sitz hochgefahren und habe geschrien vor Schmerzen. Es war, als wenn mir jemand durch die Knie hindurchgeschossen hätte."

„Ich fahre ohne Uhr und Kilometerzähler, weil mich das Energie kosten würde, die ich für das Radfahren brauche. Ich fahre nur mit meinem Körper und meinem Geist. Ich möchte mich sonst mit nichts anderem auseinandersetzen müssen."

Die Betreuer im Auto reagieren geschockt, Masseur Pepi Lienhart versucht sofort, mit Akupunktur-Massage die Schmerzen zu lindern. Das gelingt innerhalb weniger Minuten. Nur passiert inzwischen ein anderes Malheur. Man erwischt eine falsche Abzweigung. Bis man wieder auf dem richtigen Weg ist, vergehen rund 20 Minuten. Doch zu diesem Zeitpunkt hat Wolfgang Fasching, allerdings ohne es zu wissen, bereits einen relativ beruhigenden Vorsprung von rund zwei Stunden auf seine schärfsten Widersacher Chew und Kish.

Am 5. Tag hingegen ist das Rennen noch völlig offen. Die Abstände sind minimal und schwanken stark. Die Amerikaner halten sich aus psychologischen Gründen immer dicht hinter Fasching auf. Während er seine Gegner kaum kontrollieren kann und sich vorne oft mit unzuverlässigen Halbinformationen zufrieden geben muß, genügt es ihnen, an den Zeitstationen nur einen kurzen Blick ins Protokoll zu werfen, um genau orientiert zu sein.

Das große Plus Wolfgang Faschings: Er kommt mit einer Schlafpause täglich aus. Ein wenige Minuten dauerndes Nickerchen, wie hier während einer kurzen Massage der Beine, kommt trotzdem gelegen.

Der 6. Tag: Die Führung ist gefestigt

Die Nacht auf den sechsten Tag verläuft ereignislos, wenn ereignislos heißt, daß der Steirer Danny Chew und Kish weiter in Schach halten kann und er in der Nacht durch Silverton City eine Polizeieskorte bekommt, die ihm den Weg freimacht. Seana Hogan fährt bereits mit einem Rückstand von fünf Stunden hinter dem Führungstrio.

Im Ziel werden die Konkurrenten ihre Niederlage analysieren und sagen, daß Fasching das Race Across America in der Nacht gewonnen hat. „Die vielen Nachtfahrten in der Vorbereitung haben sich bezahlt gemacht. Ich kam bei meinem zweiten Antreten mit einer Ruhepause pro Nacht aus. Und zwar machte ich sie regelmäßig um die Mitternachtsstunden. Im Jahr davor mußte ich immer wieder auch in den Morgenstunden eine kurze Schlafpause einlegen", erklärt der Steirer. Sein Masseur Pepi Lienhart ergänzt: „Wolfgang hat noch eine besondere Fähigkeit, die nicht jeder hat. Er kann sich nach einer Belastung sofort entspannen und von einer auf die andere Minute einschlafen. Ich weiß von Chew zum Beispiel, daß er oft nicht schlafen konnte, obwohl er sich hinlegte. Er mußte dann Schlaftabletten nehmen. Das wiederum machte ihm beim Aufstehen Probleme, sodaß er nicht richtig in Schwung kam."

„Ich bin in der Lage, mich innerhalb von Sekunden in tiefen Schlaf hineinzukonzentrieren. Auch kann ich im Unterbewußtsein den Zeitpunkt des Aufwachens ziemlich genau programmieren, ich kann mich aus dem Schlaf herauskonzentrieren."

„Für mich ist das auch eine Konzentrationssache, die man lernen kann. Ich bin in der Lage, mich innerhalb von Sekunden in tiefen Schlaf hineinzukonzentrieren. Auch kann ich im Unterbewußtsein den Zeitpunkt des Aufwachens ziemlich genau programmieren, ich kann mich aus dem Schlaf herauskonzentrieren", sagt Fasching.

Das „Rauskonzentrieren" funktioniert auch in dieser Nacht hervorragend. Wolfgang fährt sofort nach dem Aufstehen wieder mit einem guten Tempo von 30 bis 35 km/h. Doch wie jeden Tag kommt zum Morgengrauen hin auch dieses Mal die Krise. Die Mauer aus Schmerzen, wachsendem Wurschtigkeitsgefühl und beklemmender Finsternis, die Wolfgang vor sich herschiebt, will sich nicht mehr fortbewegen lassen. Er muß vom Rad.

„Wenn du in ein Tief hineinfährst, dann erlebst du eine neue Dimension des Seins. Es ist ein ganz enger Schlauch, wo du hindurchmußt. Eine Tunnelerfahrung, die grausig ist. Du mußt nur schauen, daß du da so schnell wie möglich rauskommst. Und wenn du es geschafft hast, dann geht alles so leicht, du wirst fast euphorisch. Offensichtlich gibt es da die große Hormonausschüttung."

Diesen Zustand, sagt Fasching, erlebt er nur im Race Across America. „Ich kann dann oft 40 km/h im Durchschnitt fahren, auch wenn das Rennen schon mehrere Tage alt ist. Aber ich merke, daß ich mich auf einem schmalen Grat bewege. Wehe, man übertreibt. Von der Psyche her könnte man noch schneller fahren. Wenn man sich aber dazu verleiten läßt, wird es zuviel, du wanderst in einen Abgrund."

Was macht er, um schnell aus besagtem Tunnel herauszukommen? Ein Weg, wie an diesem Morgen, ist eine kurze Pause, sich ablenken, eine Kleinigkeit essen, sich konzentrieren auf das nächste Ziel. „Mei-

Wenn Fasching ein Tief überwunden hat, fühlt er sich oft bärenstark, als könnte er Berge versetzen.

Manchmal schickt Wolfgang Fasching seine Betreuer weg, wenn er in Schwächephasen mit seinen Schmerzen allein sein will.

stens aber bleibe ich auf dem Rad und versuche trotz aller Beschwerden so voll zu fahren wie nur möglich. Das andere Mal schicke ich alle Betreuer um mich herum weg, rolle nur dahin, ganz langsam, hin und wieder ein Tritt." Phasen, die oft nur von kurzer Dauer sind, manchmal sich aber auch über Stunden hinziehen. „Du magst nichts trinken, essen schon gar nicht, alles zipft dich an, gleichsam schwindlig ist dir im Kopf, so, als sei man am Ende seiner Kräfte. Der Normalverbraucher würde sich vielleicht hinsetzen und sagen: So, jetzt ist alles aus. Ich kenne aber das Hochgefühl danach, wenn man nicht aufgibt, wie dann alles wie von alleine geht. Ich weiß, daß nach einer Krise etwas Schönes kommt. Daran kann ich mich klammern."

Auch an diesem Tag ist es so. Wolfgang schafft es ohne Schlafpause in den Morgenstunden und bleibt damit in Führung. Der Gegenwind zermürbt, da entschädigt auch die Fahrt an wunderschönen Seen im Wichita Wildlife Tierreservat nicht. Er ist nervös, will ständig wissen, wie weit seine Gegner zurückliegen. Offensichtliche Falschinformationen der Rennleitung, daß zum Beispiel Rob Kish nur zehn Minuten hinter ihm ist, obwohl Wolfgang schon seit Stunden ein sehr hohes Tempo fährt, vergrößern die Unsicherheit. Die Konzentration leidet darunter, und damit auch der Rhythmus, was tatsächlich dazu führt, daß seine Gegner näherkommen. Sie vermitteln ihm ständig das Gefühl, zum Überholen anzusetzen, indem immer wieder Betreuungsfahrzeuge von Kish und Chew auftauchen.

Doch es gelingt ihnen nicht, vielleicht wollten sie es zu diesem Zeitpunkt auch nicht. Gelegenheit dazu hatte es sicher gegeben, denn Fasching fährt mit seiner Mannschaft aufgrund eines Fehlers im Road-

Die Stunden vor der Überquerung des Mississippi sind für Wolfgang Fasching Phasen großer Anspannung: „Ab dort beginnt das Rennen, bis dahin ist alles nur Vorgeplänkel."

book um fünf Meilen zu viel. Er verliert dadurch mindestens eine halbe Stunde, für die er dann aber nur eine Zeitgutschrift von 10 Minuten bekommt. Zur Aufmunterung besorgt Sepp Pail eine Wassermelone und eine Pizza: „Wolfgang verspeist beides mit Genuß!", so seine Protokollanmerkung.
Am Ende des 6. Tages bleibt alles wie an seinem Beginn: Fasching liegt an der Spitze. Alle Überholversuche seiner Gegner scheitern. Und was mindestens so erfreulich ist – dank der hauseigenen Salben von Masseur Lienhart gibt es keine offenen Stellen am Gesäß. Die um 23.30 Uhr festgesetzte Nachtruhe wird von zwei auf eineinhalb Stunden gekürzt, um weitere Zeit gegenüber den Konkurrenten herauszuholen. Ein kleiner psychologischer Trick: Wolfgang Fasching wird von seiner Crew im Glauben gelassen, es seien zwei Stunden gewesen.

Der 7. Tag und 8. Tag: Trauma Mississippi

Hoch und Tief wechseln einander ab. Einmal knapp daran, vom Rad zu fallen, dann wieder kräftiger, runder Tritt. Wolfgang hat seinen Körper und vor allem seinen Kopf weiter gut im Griff, obwohl es ihm nicht gelingt, Kish und Chew im hügeligen Terrain des 7. Tages entscheidend abzuhängen. Am Nachmittag liegen die beiden erfahrenen Amerikaner 45 und 48 Minuten hinter dem Österreicher. Wolfgang ist zu diesem Zeitpunkt seit knapp 15 Stunden ununterbrochen im Sattel. Tochter Simone meldet sich zwischendurch mit triumphierender Stimme am Handy: „Papa, ich habe heute Radfahren gelernt." Wolfgang verspricht ihr, wenn er wieder zu Hause ist, einen gemeinsamen Ausflug.

Er ist glücklich, eine Stimme aus der Heimat gehört zu haben. Ansonsten ist dieser 7. Tag geprägt von gespannter Erwartung. Memphis und die Überquerung des Mississippi rücken näher. Auch in der Nacht auf den 8. Tag kommt Wolfgang mit wenig Schlaf aus. Nur knapp mehr als eine Stunde gönnt er sich. Memphis zieht ihn fast magisch an. Immer wieder fragt er, wie weit es noch ist. Zuletzt heißt es noch, eine 40 Kilometer lange Gerade mit holprigem Asphalt durchzustehen. In dieser Phase macht es sich bezahlt, daß ein japanischer Hersteller Wolfgang eine Federgabel für sein Rad gesponsert hat. Die kraftraubende Rüttelei wird abgeschwächt, er vergrößert seinen Vorsprung. Trotzdem: Die Gerade will nicht enden.

Zeit, um auf Etikette zu achten, bleibt im Race Across America nicht.

„Wenn du in ein Tief hineinfährst, dann erlebst du eine neue Dimension des Seins. Es ist ein ganz enger Schlauch, wo du hindurchmußt. Eine Tunnelerfahrung, die grausig ist. Du mußt nur schauen, daß du da so schnell wie möglich rauskommst. Und wenn du es geschafft hast, dann geht alles so leicht, du wirst fast euphorisch. Offensichtlich gibt es da die große Hormonausschüttung."

Schließlich doch, am frühen Vormittag des 8. Tages ist es soweit: Die Überquerung des Mississippi steht an. Rund 3400 Kilometer liegen hinter den Rennfahrern. Wolfgang muß ins Auto einsteigen.

„Ab dem Mississippi beginnt das Rennen." Keiner weiß das so gut wie der Steirer. Er hat es 1996 erlebt. Auf dramatische Weise, weil er dort das Rennen verlor. Er merkt es 1997, im Schmerz, in verhängnisvollen Fehlern, im aufreibenden Hickhack seiner Mannschaft. Doch beim zweiten Mal kostet es nur Nerven, nicht den Sieg.

„Im Vorjahr lag ich rund 100 Kilometer vor Memphis auf dem zweiten Platz. Knapp hinter Chew, dicht gefolgt von Kish. Die beiden legten sich zum Schlafen. Ich war dafür, etwas zu riskieren, ließ mich dann aber doch von meiner Mannschaft überreden, mich ebenfalls hinzulegen", erzählt Fasching. Die Crew ist unaufmerksam, registriert nicht, daß

Die Skyline von Memphis im Bundesstaat Tennessee, wo der Mississippi überquert wird.

Der große Einbruch 1996, als Wolfgang Fasching nach einer taktisch falsch angesetzten Schlafpause vor der Überquerung des Mississippi alles auf eine Karte setzt und sich dabei übernimmt. Er verliert insgesamt zwei Stunden und damit das Rennen.

Chew und Kish bereits wieder gestartet sind. Und ehe Wolfgang wieder auf dem Rad ist, sind die beiden schon fast 20 Minuten lang unterwegs. „Ich bin drei Stunden am absoluten Limit gefahren, um den Rückstand wettzumachen. Knapp vor der Überfahrt über den Mississippi bin ich dann regelrecht vom Rad gefallen. Ich war am Boden zerstört."

Doch ein Unglück kommt selten allein. Er verfährt sich in der Stadt, verliert weiter wertvolle Zeit. Kaum aus Memphis draußen, bricht Wolfgang erneut zusammen. Bis er sich wieder soweit erholt hat, daß er weiterfahren kann, liegt er zwei Stunden hinter den Amerikanern.

1997 hingegen stehen die Vorzeichen wesentlich günstiger. „Ich lag in Führung und bin mit einem recht guten Gefühl hingekommen", sagt Fasching. Dennoch sind alle sehr angespannt, weil man die Verfolger dicht im Nacken wähnt. Dann Wolfgangs Schmerzattacke in den Knien im Betreuerauto auf der Brücke über den Mississippi. Man verfährt sich auch dieses Mal, verliert rund 20 Minuten. „Ich sage nichts. Im Auto herrscht Totenstille. Jeder weiß, ich bin den ganzen Vormittag wieder mit großem Risiko sehr schnell gefahren, um den Vorsprung zu vergrößern. Und dann das! Das Rennen könnte gerade hier wieder verloren gehen."

Als Fasching, zurück auf dem richtigen Weg, wieder auf das Rad steigen will, ruft der ORF mit dem Wunsch um ein Live-Interview an. Es vergehen noch einmal wertvolle fünf bis zehn Minuten, in einer Phase, in der die Nerven zum Zerreißen gespannt sind. Fasching: „Wieder haben wir hier eine Stunde liegen gelassen."

Doch alle Aufregung hätte man sich sparen können, wenn die Informationen über die Gegner präziser gewesen

1997 kommt Wolfgang Fasching als Führender nach Memphis, aber auch in diesem Jahr hat er große Probleme.

Gerade in schwierigen Rennphasen, wenn die Nerven zum Zerreißen gespannt sind, ist eine erfahrene und beruhigende Mannschaft wichtig.

Wolfgang Fasching hat nie halluziniert. Ein einziges Mal, als er aus einer Tiefschlafphase gerissen wurde, war er orientierungslos. Er wußte kurzfristig nicht, wo er war, was er tat und warum er jetzt Rad fahren sollte.

Bianchi
SPENGLE
SEMPERIT
SPENGLE

wären. Bei der nächsten Zeitstation erfährt die Mannschaft jedenfalls, daß Chew rund zweieinhalb Stunden Rückstand hat und Kish völlig eingebrochen ist (fünf Stunden hinter Fasching). Die Euphorie beim nunmehr überlegen Führenden ist so groß, daß er beschließt, die nächsten 1000 Kilometer ohne Schlafpause durchzufahren. Doch die Realität holt ihn sehr rasch wieder ein, die Knieschmerzen verschlimmern sich. Eine Schlafpause wird unvermeidlich. Wolfgang: „Vom Mississippi bis ins Ziel sind es noch rund 1400 Kilometer. Alles davor ist nur Geplänkel. Das sagt auch die Geschichte des Rennens. Es ist eine magische Grenze, man stößt in neue Bereiche vor, ohne zu wissen, wie Körper und Geist reagieren werden. Vor allem die Psyche wird immer wichtiger."

Zeit, sich mit dem Land, seinen Attraktionen, Besonderheiten auseinanderzusetzen, bleibt kaum. „Ich registriere mit meinen Sinnen zwar reizvolle Gebiete, sie interessieren mich aber nicht. Ich schaue kurz,

Wenn auch Wolfgang Fasching keine Konzentration für reizvolle Seitenblicke in die Natur aufbringt, so gelingt das seiner Mannschaft und dem Fotografen Sepp Pail zwischendurch doch.

gleichzeitig ist mir das alles aber auch schon wieder egal. Es gibt nur einige markante Punkte, die im Gedächtnis bleiben, wie die Rocky Mountains oder Monument Valley. Ich habe zum Beispiel keinen einzigen Zentimeter vom Mississippi gesehen, weil ich im Betreuerfahrzeug genug mit meinen Knieschmerzen zu kämpfen hatte."

Zu den Hauptschwierigkeiten nach dem Mississippi zählt die wachsende Schwüle bei Temperaturen zwischen 30 und 35 Grad. Dazu kommt ein extrem hügeliges Terrain. In den Apalachen ist noch einmal ein rund sieben Kilometer langer Anstieg mit einer durchschnittlichen Steigung von zehn Prozent zu bewältigen – eine Schlüsselstelle, die Wolfgang Fasching sehr gut bewältigt. Im Gegensatz zu seinen Gegnern, die dort weiter viel Zeit auf ihn einbüßen.

Davor liegt aber noch die Nacht vom 8. auf den 9. Tag, in der Wolfgang das einzige Mal im Race Across America 1997 die geistige Orientierung verliert, ohne aber von Halluzinationen sprechen zu können, wie sie während dieses Rennens bei den Teilnehmern immer wieder auftreten. Zum Teil sind es verschrobene Geschichten, die zum Lächeln animieren, dann wieder ist einem gar nicht nach Humor zumute.

Rob Kish erzählt, daß er einmal vom Rad gestiegen sei und mit den Handflächen den Asphalt abtastete. „Ich versuchte herauszufinden, ob das real ist." Ein anderes Mal stieg er völlig erschöpft auf das Rad und bemerkte nicht, daß er in die falsche Richtung fuhr – nach Westen, anstatt Richtung Ostküste.

Weniger heiter ist hingegen die Geschichte von Michael Shermer, einem Mitbegründer des RAAM, der selbst mehrmals das Rennen bestritt. Er verweigerte nach 2300 Kilometern jede Nahrung, die ihm seine Betreuer anboten. Er war 83 Stunden nonstop durchgefahren und lebte plötzlich in der Wahnvorstellung, seine Begleiter wären Besucher von einem anderen Stern, die ihn umbringen wollten. Es dauerte nicht lange, und es kam, wie es kommen mußte: körperlicher Zusammenbruch und Ausstieg aus dem Rennen.

„Der Normalverbraucher würde sich vielleicht hinsetzen und sagen: So, jetzt ist alles aus. Ich kenne aber das Hochgefühl danach, wenn man nicht aufgibt, wie dann alles wie von alleine geht. Ich weiß, daß nach einer Krise etwas Schönes kommt. Daran kann ich mich klammern."

Die Episode mit Wolfgang Fasching gehört hingegen eher zu jenen, über die man schmunzeln kann. In seinem Ehrgeiz und seiner Sorge, nur ja nicht mehr den nahen Sieg aus der Hand zu geben, will er in der Nacht zum 9. Tag nur eine dreiviertel Stunde schlafen. Arzt, Masseur und Crew-Kapitän Sepp Pail meinen, das sei zu wenig. Sie sehen, daß Wolfgang völlig fertig ist und beschließen, ihm eine mindestens doppelt so lange Ruhepause zu gönnen.

Gegen 1.45 Uhr wird er wieder aufgeweckt, offensichtlich aus einer Tiefschlafphase. Wolfgang kennt sich nicht aus, redet wirres Zeug. Er fragt, wer das Race Across America gewonnen hat. Zu Alois Schreiner, dem Schwager von Wolfgang, der als Mechaniker mit dabei ist, sagt er trocken: „Sauf du einmal drei Liter Superbenzin."

Der jüngste Sieger in der RAAM-Geschichte erinnert sich genau: „Ich mußte meine Gedanken völlig neu ordnen. Warum fahre ich jetzt Rad? Was mache ich da? Ist das eine Trainingsfahrt? Alles ergab überhaupt keinen Sinn für mich. Ich bin nur ganz langsam dahingerollt, knapp vor dem Umfallen. Das hat fast eine Stunde lang gedauert. Dann habe ich aber plötzlich gemerkt, was los ist, und ich bekam es mit der Angst zu tun, ärgerte mich, daß ich so viel Zeit verzettelte." Während die Situation die meisten Crew-Mitglieder eher erheitert, macht sich sein Arzt Harald Schwischei ernsthafte Sorgen: „Er hat nicht halluziniert, er war nicht orientiert, weil er nicht richtig aufwachte. Das darf man nicht auf die leichte Schulter nehmen."

Der 9. und 10. Tag: Das Auskosten des Triumphes

Der Vorsprung wächst am 9. Tag, nachdem Fasching gut aus der Nacht gekommen ist, rasch auf vier Stunden. Chew ist als einziger ernstzunehmender Verfolger übriggeblieben. Er schickt noch einmal sein Wohnmobil zu Wolfgang vor. Wohl um einen Eindruck davon zu bekommen, wie es ihm geht.

Alles, was möglich ist, wird auf dem Rad erledigt, um keine unnötige Zeit zu verschenken.

Der Sieg ist in greifbare Nähe gerückt. Wolfgang beginnt, seine Marotten zu pflegen. Auf einmal paßt ihm etwas an seinem Rad nicht. Er wechselt es. Nach zwei Kilometern sagt er, es sei doch nicht leichter. Er wechselt wieder zurück. Wieder zwei Kilometer weiter: Mit den Laufrädern scheint auch etwas nicht zu stimmen. Der Mechaniker muß sie austauschen. Wolfgang legt sich in die Wiese, will leicht massiert werden und sich entspannen. Er entscheidet sich doch wieder, die ursprünglichen Laufräder zu nehmen. Also alles beim alten, die Launen sind befriedigt.

Die Mannschaft bleibt gelassen und trägt es mit Humor, wie in der letzten Nacht auch die Tatsache, daß ein Defekt das Wohnmobil aufhält und Fasching seine Schlafpause im Straßengraben beginnt, zugedeckt mit einer Jeansjacke. Auf das Duschen verzichtet er schon seit drei Tagen, um Zeit zu sparen. Als dann das Homecar da ist, Wolfgang tief schläft, nicken alle um ihn herum auch ein. Nach rund zwei Stunden schreckt Heiko Lenz aus dem Schlaf hoch. Keine Minute zu spät. Noch einmal gut gegangen. 200 Kilometer vor dem Ziel macht sich im Betreuerteam schon ausgelassene Stimmung breit. Doch Wolfgang bremst die Euphorie, er weiß, was da noch passieren kann: „Von euch ist noch keiner so weit gefahren", betont er, zur Vorsicht mahnend. Meile für Meile wird nun heruntergezählt, es vergehen Stunden. Wolfgang will nichts mehr riskieren, er läßt sich Zeit. Die Durchschnittsgeschwindigkeit beträgt nur noch 20 km/h. Die Knieschmerzen

Launisch wie Wolfgang Fasching gegen Ende des Rennens kann auch die Natur sein.

Eigentlich ist beim Penalty-Punkt (16 Kilometer vor dem tatsächlichen Ziel), wo die Rennfahrer ihre angesammelten Strafzeiten absitzen müssen, das Race Across America schon entschieden. Von Jubelstimmung war zu diesem Zeitpunkt aber nicht viel zu merken.

sind auch wieder stärker geworden. Chew resigniert. Der Vorsprung wächst weiter an. Auf den letzten 70 bis 80 Kilometern wird zwischen Wolfgang und Crew-Kapitän Pail um jeden Kilometer gefeilscht. Pail rechnet bis zur tatsächlichen Ziellinie, Wolfgang nur bis zum sogenannten Penalty-Punkt (16 Kilometer davor), wo er seine Strafzeit von einer halben Stunde absitzen muß. „Für mich ist dort das Rennen aus, weil man damit inoffiziell schon gewonnen hat. Durch Savannah hindurch, das ist nur noch die Triumphfahrt. Ich könnte mich dort ins Hotel begeben, dennoch wäre mir der Sieg nicht mehr zu nehmen."

„Im Ziel läßt die Psyche total aus. Du kannst nichts mehr trinken, schon gar nicht essen. Es ist sehr unangenehm, im Kopf herrscht plötzlich die totale Leere."

Und dann ist es soweit. Der Penalty-Punkt ist erreicht. Eigentlich müßten alle vor Freude überschäumen, ausgelassen herumhüpfen, feiern. „Doch wir sind herumgesessen, als wäre jemand von uns gestorben", sagt Heiko Lenz. Wolfgang sitzt mitten auf der Straße, um ihn herum seine Mannschaft. Die Spannung ist raus, die Schmerzen werden zum übermächtigen Gegner. „Die Psyche läßt dann total aus. Du kannst nichts mehr trinken, schon gar nicht essen. Es ist sehr unangenehm, im Kopf herrscht plötzlich die totale Leere." Wolfgang hat schließlich auch gewaltige Probleme, das offizielle Ziel zu erreichen. „Ich war kaum in der Lage, die Pedale rundherum zu bekommen. Es dauerte noch eine kleine Ewigkeit bis ins Ziel."

Auch dort: keine ausgelassene Freude, dafür ist man zu müde, aber große innere Genugtuung. Alle umarmen sich, ein kräftiger Kuß von Frau Dagmar, Reporter drängen sich um den Sieger, Journalisten aus Österreich melden sich, die Doping-Kontrolleure rufen. . .

Ein Kuß von Ehefrau Dagmar und danach die Doping-Kontrolle.

Fasching beendet am Samstag, dem 2. August 1997, als jüngster Sieger in der 16jährigen Geschichte des RAAM, das Rennen nach 9 Tagen, 4 Stunden und 50 Minuten, über 7 Stunden vor dem Zweitplazierten Danny Chew und weitere 2 Stunden vor Rob Kish. „Es war unmenschlich, aber ich habe mir einen Traum erfüllt. Und dennoch war ich nicht wirklich euphorisch im Ziel. So allein, wie ich für mich im Rennen war, so allein war ich auch nachher. Ich wollte nur meine Ruhe und schlafen."

Wolfgang Fasching überquert die Ziellinie als Sieger des Race Across America 1997.

1988 gewann Franz Spilauer als erster Österreicher und als erster Europäer das Race Across America. Neun Jahre später machte es Wolfgang Fasching seinem großen Vorbild nach.

Wolfgang Fasching ist todmüde. Scheinbar gealtert, die Haut von der Sonne verbrannt, die Lippen blutig aufgerissen, die Augen entzündet, stechende Schmerzen in den Knien, eine ungewohnte, unangenehme Energieleere im Kopf, entrückter Gesichtsausdruck: Der Preis für die Achterbahnfahrt des Blutzuckerspiegels und die Zeitreise durch das „schwarze Loch“, wie es Wolfgang Fasching nennt, mit dem einzigen Ziel, nicht aufzugeben, sondern durchzuhalten, um von dort wieder herauszukommen, steht eindrucksvoll und ablesbar in sein Gesicht geschrieben.

„Es war unmenschlich, aber ich habe mir einen Traum erfüllt. Und dennoch war ich nicht wirklich euphorisch im Ziel. So allein, wie ich für mich im Rennen war, so allein war ich auch nachher. Ich wollte nur meine Ruhe und schlafen.“

Reporter drängen sich um den Sieger, er genießt den Rummel, kann sich wegen Müdigkeit aber nur schwer konzentrieren.

Er registriert zwar, daß amerikanische Fans beginnen, sein Rad zu zerlegen, aber es ist ihm egal. In Interviews bedankt er sich, daß Harry und Pepi wie Verliebte zu ihm waren. Sie haben ihn angezogen, gewaschen, jeden Handgriff abgenommen, der zusätzliche Energie kosten könnte. „Euphorisch war ich auch Tage oder Wochen nach dem Sieg nicht. Ein vor vielen Jahren gestecktes Ziel war erreicht. Was bleibt, ist innere Genugtuung. Auch wenn du dich vor allem auf den letzten 1000 Kilometern immer wieder fragst: Welchen Wahnsinn machst du da?“

Zehn Jahre lang lebte Wolfgang Fasching für diesen Traum.

Wolfgang Fasching vor dem Race Across America und danach.

Luttenberger, Maier, Fasching: Grenzerfahrungen

Was unterscheidet Extrembelastungen im Profi-Radsport von der körperlichen und geistigen Gratwanderung in einem Race Across America, was den Tour de France-Fünften Peter Luttenberger vom Ex-Profi Harald Maier (5. Platz bei der Profi-WM in Montello 1985) und vom Race Across America-Sieger Wolfgang Fasching?

Diese drei verbindet zunächst einiges; nicht nur der Ort ihrer Herkunft, die Südsteiermark; sie sind darüber hinaus gute Freunde. Luttenberger und Fasching haben schon zusammen trainiert, als sie Ende der achtziger und Anfang der neunziger Jahre in Österreich Straßenrennen gefahren sind. Wann immer es eine Lücke im dichten Rennkalender Luttenbergers zuläßt, sind sie noch heute gemeinsam auf dem Rad unterwegs. Für Harald Maier steht auch nach seiner Profikarriere das Rad im Mittelpunkt seines Lebens. 1995 und 1996 gewann er zum Beispiel die Crocodile Trophy, ein außergewöhnlich schweres Etappenrennen für Mountainbiker quer durch Australien.

Peter Luttenberger (r. u.), Harry Maier (l. u.) und Wolfgang Fasching – drei Südsteirer, die der Radsport zusammengebracht hat. Fasching hat vor allem von der langjährigen Trainingsgemeinschaft mit Luttenberger viel profitiert. (Bild: Michael Baier)

MAIER: Das Race Across America und Radsport im klassischen Sinn sind zwei im Grunde verschiedene Sportarten. Im Rennsport wird für die entscheidenden Momente Schnelligkeit und Maximalleistung verlangt. Wolfgang braucht im Race Across America grenzenlose Ausdauerleistung. Dazu kommt noch ein wichtiger Faktor mit vielen Unbekannten, etwa, daß er eigentlich nicht schläft.

Eine Tour de France, der Profizirkus überhaupt, ist auf Hochgeschwindigkeit ausgerichtet. Ich konzentriere mich in einem Profirennen, wenn ich gut in Form bin, auf ein bis maximal zwei Momente, in denen ich meine Gegner abhängen will. Das sind entweder fünf Minuten oder auch weniger, wenn ich ein Sprinter bin. Damit gewinne ich ein 260-Kilometer-Rennen. In diesen Minuten muß ich mehr geben können als alle anderen 200 Rennfahrer, die an den Start gehen.

Umgekehrt weiß ich von mir, wenn ich einen Hungerast (plötzliche Energieleere, keine Kraft in den Beinen, Anm.) habe oder leer bin, daß ich dann überhaupt nicht mehr fahren kann. Weil ich diesen Bereich nicht trainiert habe. Ich habe einmal an einem 1000-Kilometer-Rennen teilgenommen. Mir genügt diese eine Erfahrung.

Was war so schwierig?

MAIER: Wenn ich normale Rennen fahre, fühle ich mich wohl, weil ich mich die Woche davor exakt auf diesen entscheidenden Tag vorbereite. Das heißt, es wird nie wirklich schwierig für mich. Wenn ich meine Konkurrenten abhängen kann, dann macht das Spaß, ist also wieder nicht schwierig. Aber in Wolfgangs Disziplin hast du keine unmittelbare Auseinandersetzung mit den Gegnern. Du bist die mei-

Für Radsportler wie Luttenberger oder Maier ist es schwer vorstellbar, noch Leistung zu bringen, wenn im Körper eigentlich jede Muskelzelle „aufhören" schreit.

In der Endphase eines Radrennens (im Bild Tour de France-Ankunft in Paris) wird im Hauptfeld mit großem Einsatz um jede Position gekämpft. Die Fahrer müssen hochkonzentriert sein und dürfen sich keinen Fehler erlauben, sonst ist das Rennen verloren. (Bild: Michael Baier)

ste Zeit allein mit dir, über extrem viele Stunden, und das, während dein Körper eigentlich nicht mehr funktioniert. Jede Zelle in dir sagt: Höre auf zu fahren. Wie fährst du dann dennoch weiter? Die mentalen Fähigkeiten sind es, die entscheiden, wie gut jemand so etwas machen kann.

LUTTENBERGER: Ganz richtig. Am meisten kommt es bei einem Rennen wie dem Race Across America auf den Kopf an. Das spielt sich alles im Kopf ab, um das durchstehen zu können und die Leistung über Tage hinaus auf einem relativ hohen Niveau halten zu können. Ich bin überzeugt, daß man das nicht lernen kann. Man muß schon mit einer entsprechenden Veranlagung auf die Welt gekommen sein. Es ist einfach zu sagen, ich will meine eigenen Grenzen kennenlernen. Man kann aber körperlich noch so gut vorbereitet sein, wenn man die Belastung vom Kopf her nicht durchsteht, dann nützt das alles nichts.

Als Tagesrennfahrer oder bei einer Rundfahrt ist allerdings auch viel mentale Stärke gefordert. Man muß im entscheidenden Moment an seine Grenzen oder auch darüber hinaus gehen können.

MAIER: Klar, daß du genau auf diesen entscheidenden Moment ausgerichtet bist, auf den es ankommt, daß du konzentriert und nicht dauernd nervös bist. Eddy Merckx sagte schon, 80 Prozent des Radsports werden im Kopf entschieden. Damals hatte man von mentalem Training noch keine Ahnung, aber er hat absolut recht. Wenn ich ein klares Ziel vor mir und einen Siegwillen in mir habe, dann muß den erst einmal jemand beseitigen. Wenn ich bei jeder Kleinigkeit zum Zweifeln anfange und mich frage, ist dieser vielleicht stärker oder jener, dann kann ich nicht gewinnen. Für den Sieg entscheidet immer auch bei normalen Radrennen die mentale Stärke.

LUTTENBERGER: Und dennoch kann man es nicht vergleichen. Profirennen sind doch mit einem extremen Streß verbunden, vor allem während des Rennens. Man muß sich immer ganz vorne im Feld aufhalten, muß um Positionen kämpfen. Wenige Sekunden entscheiden meist ein Rennen. Man darf sich so gut wie keine Fehler erlauben. Beim Wolfgang, glaube ich, ist das doch anders. Er kann es sich schon einmal leisten, eine viertel oder eine halbe Stunde mit den Gedanken ganz woanders zu sein. Er erleidet dadurch keinen Nachteil.

Wie schaut das Training von Radprofis aus?

MAIER: Das hängt ganz vom jeweils bevorstehenden Rennen ab – entscheidet es sich am Berg oder im Sprint. Schnelligkeit ist ganz wichtig. Steht ein Etappenrennen wie die Tour de France an, dann muß ich die Langzeitausdauer trainieren. Die Woche vor dem Rennen mache ich schon relativ wenig. Im Durchschnitt bin ich in meiner aktiven Zeit in einer Woche rund 1000 Kilometer auf dem Rad gesessen.

Das Race Across America wird zuerst im Kopf entschieden, und danach erst in den Beinen.

Wolfgang, was sind Deine längsten Trainingsfahrten?

FASCHING: Zwischen 400 und 700 Kilometer. 200 Kilometer sind überhaupt kein Problem. Ausgenommen in den Wochen nach dem Race Across America, wenn du wenig bis gar nichts trainierst. Da fällt das Leistungsniveau rapide ab. Wenn ich mich da auf das Rad setzen und sechs Stunden lang fahren müßte, dann wäre das eine Qual. Wenn ich aber mitten im Training stehe, dann fahre ich bis zu 15 Stunden und mehr. Vor allem auch in der Nacht, um mich an den Schlafentzug zu gewöhnen.

MAIER: Ein normaler Rennfahrer muß im Prinzip nie über 200 Kilometer im Training fahren. Wenn du zu lange fährst, wirst du nämlich eher müde, als daß du einen Leistungsgewinn erzielst. Wenn man ausgiebiges Ausdauertraining macht, baut man an der Leistungsspitze ab. Auf das mußt du als Rennfahrer wahnsinnig aufpassen. Während einer Rennsaison habe ich immer wieder meine Werte aus sportmedizinischen Tests angeschaut – wo stehe ich konditionell, wo fehlt mir etwas: in der Schnelligkeit, in der maximalen Sauerstoffaufnahmefähigkeit, in der Kraft. Kraft kann man nicht aufbauen, wenn man jeden Tag 200 Kilometer fährt. Da verbraucht man Muskelzellen. In solchen Fällen habe ich das Training zurückgenommen, bin kürzere Distanzen mit großer Übersetzung (schweren Gängen) gefahren und habe so sehr rasch einen größeren Oberschenkelumfang und damit Rohkraft gewonnen.

Die Grundlagen für den Sieg werden im Training geschaffen. „Wenn ich zum Beispiel spüre, daß ich ausgelaugt bin, dann versuche ich noch fünf oder sechs Trainingseinheiten nachzuschieben. Damit ich mich daran gewöhne, in diesem Zustand volle Leistung zu bringen."

LUTTENBERGER: Beim Wolfgang ist sicher die Ausdauer das Um und Auf, dafür trainiert er auch ganz lange Distanzen. Die Höchstgeschwindigkeit, die er fahren kann, ist dabei nicht ausschlaggebend. Es ist wichtig, über lange Zeit einen guten Zug fahren zu können. Bei uns ist ein Rennen maximal 260 Kilometer lang, man fährt einen Schnitt von bis zu 50 km/h. Und das mit ständigen Rhythmuswechseln, einmal 70 km/h, dann wieder nur 30 km/h.
Ich trainiere nie mehr als 180 Kilometer. Ich habe als Bergspezialist wenig Muskelmasse und bin daher leicht trainierbar. Ich fahre viele intensive Einheiten, die dafür aber kürzer sind.
FASCHING: Mein Training unterscheidet sich davon grundlegend. Wenn ich zum Beispiel spüre, daß ich ausgelaugt bin, dann versuche ich noch fünf oder sechs Trainingseinheiten nachzuschieben. Es bedarf einer großen mentalen Anstrengung, dann zu sagen, eigentlich bin ich kaputt, jetzt ist Montag, aber bis Samstag ziehe ich noch ein volles Programm durch. Und dann baue ich, damit es ja richtig schwer wird, zusätzlich Bergläufe ein. Damit ich mich daran gewöhne, in diesem Zustand volle Leistung zu bringen.
Ich mache zum Beispiel auch im Winter ein vierwöchiges Training ohne einen Tag Ruhepause. Ich komme dann in der Woche auf 40 Stunden Training. Wenn die Muskeln extrem müde sind, versuche ich, in den nächsten Tagen noch schneller zu fahren und noch weiter und noch länger zu trainieren.

Geschieht das jetzt nur, um die Psyche zu trainieren?

FASCHING: Ich muß auch meinen Körper auf die Extrembelastungen des Race Across America einstellen. Dort bin ich nach zwei Tagen im Grunde kaputt. Dann muß ich einfach das Gefühl gewohnt sein, trotzdem weiterzumachen. Du kannst nicht eine Distanz von 5000 Kilometern trainieren.

Wie groß ist die nervliche Belastung vor einem Rennen? Ein Radprofi weiß vor einem 200-Kilometer-Rennen ziemlich genau, was auf ihn zukommt. Bei Wolfgang spielen so viele Unbekannte eine Rolle, extreme Klimaverhältnisse zum Beispiel, Wechsel von extremer Hitze in der Wüste Nevadas bis zu Temperaturen um den Gefrierpunkt in den Rocky Mountains. Dazu kommen die unzähligen körperlichen Beschwerden, mit denen man fertig werden muß.

MAIER: Wenn du gut in Form bist, hast du überhaupt keine Spannung. Du weißt, daß du das Rennen heute gewinnen kannst, daß immer Dinge passieren können, die nicht einkalkuliert sind (Stürze etc.), aber man ist nicht wirklich nervös. Dafür fährt man auch zu viele Rennen. Bei mir waren es rund 130 im Jahr.
Du prüfst nur deine Tagesverfassung. Die hat man aber sofort im Gefühl, wenn du im Zirkus voll drinnen steckst. Wolfgang weiß hingegen nicht, was nach sechs Tagen sein wird.
LUTTENBERGER: Ich kann die Aussagen Harrys nur bestätigen. Die Anspannung vor dem Rennen fällt bei uns weg, man kennt die Konkurrenten, man fährt das ganze Jahr über mit ihnen zusammen. Man kennt auch die Fahrer, die vorne sein werden.
Anders ist das allerdings vor allem in der ersten Woche der Tour de France. Dort bin ich auch vor den Rennen nervlich ziemlich angespannt, weil sich in den Flachetappen mit den Sprintankünften sehr viele Stürze ereignen. Da kann man schon in der Anfangsphase eine Rundfahrt verlieren.

Der große psychische Streß kommt beim Race Across America auch daher, „daß ich in ein schwarzes Loch hineinfahre".

FASCHING: Die nervliche Anspannung vor einem Race Across America ist bei mir wahnsinnig groß. Ich muß spätestens 14 Tage vor dem Start weg aus der Steiermark. Ich muß mich vor Ort intensiv auf die Aufgabe konzentrieren, mich nur noch mit dem Rennen beschäftigen.

Viele sagen, sie müssen abschalten, sich ablenken. Ja natürlich, du brauchst auch eine gewisse Ablenkung, damit man nicht zuviel Nervosität und Streß aufbaut. Aber im Prinzip mußt du geistig ständig beim Rennen sein.

Die große Anspannung hängt zum einen damit zusammen, daß es nach dem Start in Los Angeles sofort in die Wüste geht und am Anfang sehr schnell gefahren wird. Ich fahre in den ersten Tagen ständig mit Pulswerten um die 180 Schläge in der Minute (großteils hitzebedingt) und habe dabei erhöhte Körpertemperatur, also Fieber. Zwischen dem 2. und 3. Tag fällt der Puls in den Normalbereich (120–140), dann „rollt es" eigentlich erst, wie wir Radfahrer sagen.

Der große psychische Streß kommt aber auch daher, weil du in ein schwarzes Loch hineinfährst. Ich weiß, daß ich 1000 Kilometer fahren kann. Daß ich 1500 Kilometer fahren kann, das weiß ich auch.

Die Leiden eines Extremsportlers – Wolfgang Fasching macht sich eine Schmerzskala. Wehwehchen und körperliche Probleme, die ihn beim Radfahren nicht direkt behindern, ignoriert er.

Aber ich weiß selbst beim nächsten Mal nicht, wenn ich vor dem Start eines Race Across America stehe, ob ich auch 5000 Kilometer schaffe. Du fährst eine gewisse Strecke, während der dir alles bekannt ist. Dann kommst du aber in das besagte schwarze Loch, und dann bist du allein, wenn das Rennen erst so richtig beginnt. Auf das mußt du dich einstimmen.

Zwei Beispiele dazu: Jeder Radfahrer kennt die Situation aus seinem Training, wenn er starken Gegenwind hat und nur noch mit kleiner Übersetzung ganz langsam vorankommt. Das nervt ungemein, und am liebsten würde man das Rad nach der nächsten Kurve wegstellen. Solche Situationen erlebe ich beim Race Across America aber nach 2000 oder 3000 Kilometern auch: Starker Wind bremst mich brutal, die Bäume biegen sich im Wind, es gibt Sandstürme. Nur daß dich dies umso brutaler trifft. Und es hilft dir gar nichts, wenn die Betreuer sagen, daß es den anderen genauso geht. Oder du mußt in ein heftiges Gewitter hineinfahren, fürchtest dich vor den Blitzen, mußt diese Angst aber überwinden, weil die anderen dieses Risiko auch auf sich nehmen. Auf Situationen wie diese mußt du dich sehr konzentriert bereits vorher einstimmen. Alles andere um dich herum, private Probleme, wie es zu Hause im Geschäft geht und so weiter, das muß man alles beiseite schieben.

Was sind für einen Profi die wichtigsten Kriterien bei einer Etappenfahrt wie der Tour de France?

LUTTENBERGER: Grundlegend wichtig für ein solches Etappenrennen, das in drei Wochen über knapp 4000 Kilometer geht (beim Race Across America sind es rund 4800 Kilometer in 8 bis 9 Tagen), ist zunächst einmal, daß man ein guter Bergfahrer und ein guter Zeitfahrer ist. Entscheidend ist dann auch die Fähigkeit, sich von einem auf den anderen Tag sehr gut erholen zu können. In der ersten Woche steckt einem natürlich die Angst, in einen Sturz verwickelt zu werden, im Nacken. Die Bergetappen sind für mich die lockersten Tage und belasten mich nervlich überhaupt nicht. Da muß nicht so extrem um Positionen gekämpft werden. Wenn ich gute Beine habe, bin ich vorne, sonst eben nicht. Daß man an sein Limit geht und alle seine Kräfte mobilisiert, das funktioniert praktisch von alleine. Erstens mache ich das ja das ganze Jahr hindurch und schon über viele Jahre. Zweitens hätte man im Profiradsport überhaupt keine Chance, wenn einem das schwer fallen würde.

MAIER: Das schwierigste in einem Rennen ist für mich immer der „Bruch", wenn plötzlich nichts mehr so ist, was du dir für das Rennen vorgenommen hast, und was der Körper bringen kann. Vor allem wenn du nicht vorne in der Spitze mitfahren kannst.

Wenn du gut in Form bist, ist alles kein Problem, egal ob das Rennen schwer ist, ob die Muskeln schmerzen. Das tut alles nur weh, wenn du hinten bist. Vorne ist das völlig bedeutungslos.

Ich bin ein Typ, der im Rennen um 30 Prozent mehr bringen kann als im Training, weil das für mich Spannung und Spaß ist. Im Training quäle ich mich hingegen schon über die kleinsten Hügel, weil „mein Motor" nicht richtig durchstartet, weil ich weiß, daß hier verschiedenste Hormone ganz anders arbeiten. Dinge, die du in einer Notsituation brauchst, schalten sich erst im Rennen ein.

Wenn Wolfgang einmal in den 9 Tagen des Race Across America versuchen würde, ganz normal Mensch zu sein, könnte er keine drei Kilometer mehr weiterfahren.

LUTTENBERGER: Welche Rolle die Psyche spielt, merkt man tatsächlich am besten, wenn man nicht mit den Ersten mitfahren kann. Schmerzen, seinen ganzen Körper, spürt man dann umso mehr. Wenn ich gut in Form bin und gewinnen kann, dann habe ich keine Rückenbeschwerden, dann registriere ich weder Hitze noch Kälte, das alles spielt keine Rolle. Wenn es aber nicht so läuft, wie es laufen soll, ist man anfällig für alle möglichen Wehwehchen, dann kann eine Rundfahrt zur Tortur werden. Allerdings ist das noch immer nicht vergleichbar mit den Leiden Wolfgangs in einem Extrembewerb wie dem Race Across America.

FASCHING: Ich möchte noch ein Beispiel für die große Bedeutung der Psyche bringen: Da gibt es beim Race Across America den berühmten Penalty-Point rund 16 Kilometer vor dem Ziel, wo du angesammelte Strafzeit für Regelübertretungen absitzen mußt, im Grunde das Rennen aber schon vorbei ist, weil man im Stadtgebiet von Savannah nicht mehr überholen darf. Für mich ist dort das Ziel. Und ich hätte 1997 beim Sieg die letzten Kilometer in das offizielle Ziel bald nicht mehr geschafft. Ich habe geflucht, gejammert, ich habe nicht fahren können. Wenn ich das Rad geschoben hätte, wäre ich auch nicht langsamer gewesen.

MAIER: Wenn ich nach einer Viertage-Rundfahrt am 5. und 6. Tag trainiere – dann bin total „angeschossen" (müde, geschafft, Anm.). Wenn ich eine Zwölftage-Rundfahrt bestreite, dann bin ich an den darauffolgenden Tagen auch kaputt, und das gleiche gilt für eine 21-Tage-Rundfahrt.

In dem Moment, in dem ein Rennen vorbei ist, schaltet auch der Körper, vor allem aber der Geist, ab. Es gibt natürlich Radrennfahrer, die nehmen auch nach einer Rundfahrt einzelne Rennen noch wichtig. Die fahren dann auf dem hohen Niveau weiter. Das ist aber keine körperliche, sondern eine geistige Frage.

Der trainierte Geist ist das Geheimnis im Spitzensport. Deshalb müssen immer mehr kapieren: Trainieren müssen sie den Geist, den Körper trainierst du ohnehin automatisch. Erfolgreich bist du dann, wenn der Geist aus irgendeinem Grund besser ist als bei den anderen. Dann gewinnt man Rennen. Sonst bist du nur einer, der eben auch Radfahrer ist. Aber der Sieg wird im Geist gemacht.

Ich habe Rennen gewonnen, in denen ich nicht in Form war und ich mir sagte, eigentlich mußt du dich genieren, daß du da überhaupt hinfährst. Ich habe sie gewonnen, weil ich im Kopf unheimlich gut drauf war. Umgekehrt habe ich top trainiert und bin abgehängt worden, weil der Kopf nicht klar war. Es gibt immer noch keine fundierten Systeme, wie man diese Unbekannte trainiert. Es wäre wesentlich gescheiter, das mentale Training mehr zu forcieren als den medizinischen Bereich.

Beim Race Across America nicht erlaubt, wenn aber die Kontrolleure nicht in der Nähe sind, gerne praktiziert: den Kopf in der extremen Hitze kurz vom Helm zu befreien, um die Kühlung des Fahrtwindes besser auszunützen.

Wolfgang arbeitet ja auch sehr stark im mentalen Bereich . . .

FASCHING: Ich bin zum Beispiel sehr viel in der Nacht gefahren und habe damit meine Psyche gestärkt. Ich habe nicht trainiert, um die Muskulatur zu stärken, ich bin einfach gefahren, um geistig besser zu werden. Wenn es von den äußeren Umständen und vom Körpergefühl nicht mehr angenehm ist, dann ist das die beste Zeit, um zu trainieren.

Du verwendest aber auch erprobte Techniken in Ruhephasen, um Reserven der Psyche ausschöpfen zu können.

FASCHING: Ja, vor allem Brain-scanning, eine Art erweitertes Biofeedback. Ich spule dabei das ganze Rennen wie einen Film im Kopf ab. Ich muß dazu in eine ganz tiefe Entspannung gehen. An den Fingern und am Kopf werden Sensoren angeschlossen, die Hirnströme und Blutdruck registrieren. Wenn ich nicht entspannt bin, registriert das Gerät das sofort und macht einen tiefen Brummton. Wenn ich dann zum Beispiel an einen bestimmten Tag im Rennen denke, es ist heiß, ich habe Schmerzen, ich muß über einen Berg. . . Und dann denke ich mir daneben noch: „Wie lange bin ich schon da? Wie lange wird das noch dauern?", dann kommt sofort der Brummton. Der signalisiert, daß du nicht 100prozentig konzentriert und entspannt bist. Das Ziel ist es, mindestens 20 Minuten lang abzuschalten, in das Rennen versinken zu können, so richtig „weg" zu sein.
Dann kannst du dir alles sehr gut vorstellen, kannst Phasen des Rennens nach Schwerpunkten aufteilen, die ersten drei Tage mit der extremen Hitze, daß ich dann in der Folge meinen Rhythmus finde und so weiter. Zuerst schaue ich es mir im negativen Sinn an mit allen nur denkbaren Problemen, danach dann positiv, so wie ich es gerne hätte. Das hilft über die Extremsituationen hinweg, weil du sie schon kennst, du sie dir selbst schon gemacht hast. Reden läßt sich leicht darüber, die Umsetzung ist sehr schwierig.

Was sind Grundvoraussetzungen für eine derart große psychische Stärke?

MAIER: Du mußt einmal über deinen Geist Bescheid wissen. Du mußt die Zusammenhänge erkennen, wann du ein Tief hast. Du mußt analysieren können, wo es dir gut und wo es dir schlecht gegangen ist und was dahinter gestanden ist im Unterbewußtsein. Du mußt schnell erkennen, daß du nicht lange in einem „Programm" drinnen bleiben darfst, das dir Energie kostet. Du kommst zum Beispiel immer wieder in das Brummen, wie Wolfgang es erzählt hat, hinein. Aber wenn ich lange in dem Brummen verharre, verliere ich viel Energie in dieser Zeit. Das kann bis zu Krankheit oder Verletzung führen. Weil ich überlastet bin. Wenn ich da schnell herauskomme, arbeitet alles doppelt so effizient.

Welche Rolle spielt positives Denken in eurem Leben und in eurem Sport?

LUTTENBERGER: Positiv denken sollte man in allen Lebensbereichen, nicht nur im Sport. Ohne positives Denken geht im Profiradsport überhaupt nichts, würde man die ganzen Strapazen und Entbehrungen nicht auf sich nehmen können. Wenn man nur negativ denkt und Pessimist ist, tut man sich überall schwer. Man muß immer vorwärts schauen, es aber auch einmal lockerer sehen, wenn es nicht so gut geht und die Erfolge ausbleiben.
MAIER: Für mich ist positives Denken nicht immer effizient, weil positives Denken über den Verstand erfolgt. Du redest dir ein, ich bin gut, ich bin stark. Wenn ich aber 20 Minuten Rückstand habe, kann

Next exit, verlockend, aber für Wolfgang Fasching kein Thema, auch nicht bei Temperaturen um 110 Grad Fahrenheit (rund 41 Grad Celsius) auf dem Weg nach Las Vegas. Von dort weg wird es noch um einige Grad heißer.

ich das nicht mehr denken. Oder wenn ich mich unsicher fühle – da wird es schwierig, wenn das nicht synchron damit geht, was tief in mir drinnen ist. Bescheidenheit und Ruhe bringen Harmonie im Inneren. Das wirkt sich leistungsfördernd aus. Positives Denken ist gut, um dich zum Training zu stimulieren und zu motivieren.

Vielleicht sage ich das aber auch nur deshalb so, weil mein ganzes Gedankenkonzept ohnehin positiv ist. Ein anderer vielleicht, der sich über jede Kleinigkeit ärgert, muß wirklich einmal lernen, das Leben positiv zu sehen. Oder zu sagen: Auch wenn es regnet, heute habe ich Positives in mir.

FASCHING: Wenn ich weiß, daß es mir schlecht geht, dann sage ich einfach nichts. Ich kann mir nicht selbst einreden, es wird schon gehen, es wird schon super, und ich weiß aber ganz genau, daß ich „im Eck" bin. Diese Situationen gibt es, zu denen mußt du stehen. Sonst fällst du ganz tief hinunter, wenn du dir einreden kannst, daß du so toll bist, im Unterbewußtsein aber weißt, daß es nicht so ist.

Das hat natürlich auch mit Ehrlichkeit zu sich selbst zu tun.

MAIER: Je besser du im Sport wirst, desto genauer kannst du dich selbst einschätzen. Diejenigen, die sich falsch einschätzen, sind die typischen Trainingsweltmeister. Dort sind sie wirklich gut; wenn sie aber Rennen fahren, können sie sich nicht mehr steigern. Sie wissen nicht, worauf es wirklich ankommt.

FASCHING: Ich sage mir vor einem Rennen: Ich kann es gewinnen. Aber ich sage nicht: Ich gewinne es. Ich weiß nur, wenn alles so läuft, wie ich es mir vorstelle, wenn ich meine Trainingseinheiten umsetze, dann kann ich gewinnen. Wenn ich mir aber krampfhaft einzureden versuche: Ich gewinne das Rennen, ich gewinne das Rennen – dann fahre ich mir selbst davon, dann wird es nicht rund laufen.

Wie diszipliniert müssen Radsportler sein?

LUTTENBERGER: Ohne eiserne Disziplin ist im Spitzensport überhaupt nichts auszurichten. Die Konkurrenten trainieren auch viel, oft entscheiden nur ganz geringe Unterschiede zwischen Sieg oder Niederlage. Alles ist bis auf das letzte ausgereizt. Da muß man genau arbeiten, richtig trainieren, richtig essen, richtig schlafen, das ganze Leben auf den Sport ausrichten.

MAIER: Disziplin heißt, ein Ziel, das man sich gesteckt hat, mit allen zur Verfügung stehenden Mitteln konsequent zu verfolgen. Man merkt dann schon nachher, wenn man es geschafft hat, so, jetzt reicht es einmal. Wenn ich gut fahren will, trainiere ich im Prinzip 24 Stunden am Tag, ich bin permanent darauf eingestellt, was ich zu tun habe, um spitze zu werden. Das kann ich sehr gut ein bis drei Monate durchziehen, dann muß aber auch wieder einmal Schluß sein, dann reicht es. Sonst kommt nämlich die Sinnfrage: Warum tust du das? Nur, daß du dann erster bist?!

FASCHING: Disziplin ist im Extremsport unerläßlich. Wenn du in eine Krise kommst, mußt du dir selbst gegenüber wahnsinnig diszipliniert sein. Mit Disziplin meine ich dabei, daß man weiterfährt. Da mußt du alles, was du gelernt hast, umsetzen. Und es hat viel mit Disziplin zu tun, daß du das durchziehst.

MAIER: Ich bin in meinem ganzen Leben in jedem Rennen, in dem es mir nicht gut ging, abgestiegen. Im Gegensatz dazu mußte ich beim 1000-Kilometer-Rennen weiterfahren, obwohl ich mich elendig fühlte. In den Morgenstunden war es kalt, geregnet hat es – da habe ich gesagt, so, jetzt reicht es mir, ich lege mich nieder und lasse mich erst wieder aufwecken, wenn die Sonne scheint. Ein Kollege ermunterte mich, doch weiterzufahren. Einige Zeit später ist es mir wieder wesentlich besser gegangen. Die körperlichen Zustände wechseln in solchen Langzeitbewerben immer wieder, du kannst völlig kaputt sein, eine Stunde später oder am nächsten Tag bist du dann aber plötzlich absolute Spitze. Durch dieses Tief mußt du einfach hindurch.

FASCHING: Durch solche Tiefs muß man sehr oft hindurch.

MAIER: Das ist eine wichtige Erfahrung, die sich auch auf das Leben umlegen läßt. Es gibt immer wieder Leute, die bereits bei den kleinsten Widerständen ihre Ziele opfern. Dann wundern sie sich, wenn sie nichts erreichen.
Der Wolfgang weiß beim Race Across America: Ich muß weiter, da ist ein Ziel, egal was kommt. Ich weiß, daß mein Körper gut trainiert ist. Wenn es wirklich schädlich wird, kann er ohnehin nicht mehr. Der Körper riegelt automatisch ab. Gefährlich wird es nur, wenn ich mit Doping arbeite.

Alles ist konzentriert darauf, Kräfte im Körper zu mobilisieren, Müdigkeit und Schmerzen beiseite zu schieben. Das Rundherum verschwimmt, ist nebensächlich.

Wiesbauer
HÖM
HÖM
Wiesbauer
Wiesbauer

Der unmittelbare Kampf Mann gegen Mann ist beim Race Across America selten. Die Rennfahrer rollen meist einsam dahin. Verschärfend wirkt auch noch das Reglement: Als zum Beispiel Wolfgang Fasching und Danny Chew (Bild) 1997 zeitweise Kopf an Kopf unterwegs waren, durften sie nur 15 Minuten täglich nebeneinander fahren.

Welche Rolle spielt die Fähigkeit, Schmerzen zu überwinden?

LUTTENBERGER: Wie schon gesagt, wenn man gut in Form ist und gewinnen kann, dann spürt man keine Schmerzen. Wenn nicht, wird hingegen jede Kleinigkeit zur Plage.

MAIER: Ich habe keine Schmerzen, wenn ich mich im Grenzbereich bewege. Ein Beispiel, mit dem ich das erklären kann, ist das Schloßbergrennen in Graz. Du mußt auf 900 Metern Länge bergauf alles geben. Niemand kann diese Distanz im Spurttempo durchfahren, und trotzdem mußt du es. Im Training hat mir alles weh getan, die Zähne, die Muskeln, die Hände, ich glaubte, ich sterbe dort hinauf. Und im Rennen bin ich schmerzfrei, ich drehe meinen „Motor" voll auf. Die Voraussetzung dazu ist natürlich, daß man gut in Form ist, köperlich und mental, sonst klappt das nicht.

FASCHING: Mit Schmerzen in den Grenzbereichen mußt du leben, die mußt du akzeptieren. Ich mache mir zum Beispiel eine Schmerzenskala. Die viele kleinen Wehwehchen – wie schmerzende Zehen, schmerzende Fußballen etc. – hindern mich objektiv gesehen nicht am schnellen Radfahren, daher hake ich sie ab und kümmere mich nicht weiter um sie. Bremsen würden mich nur Muskelschmerzen. Oder wenn mir die Knie stark weh tun. Dann werfe ich darauf aber meine ganze Energie, weil ich mir sage, die Knie müssen besser werden, da muß ich aufpassen, da muß ich meine Position auf dem Rad ändern. Alle anderen Schmerzen, die nicht mit meinen Füßen zu tun haben, ignoriere ich, obwohl sie vielleicht am meisten zu spüren sind. Würde ich sehr viele Gedanken darauf verwenden, würde ich langsamer werden. Dann verbraucht das Energie. So sage ich mir: Ja, das ist da, aber das ist normal.

MAIER: Umgekehrt können dich, wenn du nicht gut drauf bist, wie auch Luttenberger sagt, völlige Kleinigkeiten sensationell belasten. Das habe ich auch erlebt. Wenn du nicht stark bist in einem Rennen, stressen dich bedeutungslose Dinge, die Brille, die dich am Ohr drückt, der Helm oder sonst eine Kleinigkeit.

FASCHING: Genau, dann steigst du fünfmal ab, es paßt irgendetwas nicht. Ich habe das auch beim Race Across America einmal gehabt. Da wollte ich ein anderes Rad, ich fühlte mich nicht wohl darauf. Nach fünf Minuten habe ich das Rad wieder gewechselt, später habe ich die Laufräder austauschen lassen und danach alles wieder zurück. Meine Mannschaft dachte schon, jetzt spinnt er völlig. Und alles innerhalb von wenigen Kilometern.
Oder die Lippen zum Beispiel, die waren noch jedesmal völlig aufgerissen, vom vielen Trinken, weil du alle 10 – 15 Minuten zur Flasche greifst. Und du mußt trotzdem trinken. Das schmerzt sehr, aber es hindert dich nicht an der Leistung. Also mußt du es beiseite schieben.

LUTTENBERGER: Ich bewundere den Wolfgang! Das enorme Durchhaltevermögen, das für das Race Across America notwendig ist, hat sich wahrscheinlich auch in seiner schweren Kindheit entwickelt. Was einen nicht umbringt, macht einen nur härter: In dieser Redewendung steckt sicher ein wahrer Kern.
Ich habe mich noch nie an eine Extremsport-Veranstaltung, wie ein 24-Stunden- oder ein 1000-Kilometer-Rennen, herangewagt. Ich kann mir auch nicht vorstellen, das jemals zu machen. Etwas anderes wäre es, wenn ich mich damit schon in früheren Jahren auseinandergesetzt hätte. Vielleicht bin ich im Kopf aber auch bereits ein bißchen müde von dem ganzen Rennzirkus, in dem ich mich seit zehn Jahren bewege, daß ich mir so etwas nicht mehr antun will.

Folgende Seite:
Immer wieder beeindruckend, was die Natur schafft, wie hier im Monument Valley.

Extremsportler als Formel 1-Boliden

„Extremsportler wie Wolfgang Fasching haben Meilensteine gesetzt. Man sieht, daß der Mensch Kräfte mobilisieren kann, die bisher nicht für denkbar gehalten wurden." Leistungsdiagnostiker Hans Holdhaus, Direktor am Institut für medizinische und sportwissenschaftliche Beratung (IMSB) in Maria Enzersdorf, ist fasziniert, wie es einzelnen Menschen gelingt, die Grenzen der Leistungsfähigkeit so zu verschieben, daß sie mit gängigen Maßstäben nicht nachvollziehbar sind. Fasziniert und interessiert zugleich, weil diese Sportler auch „ideale Versuchskaninchen" sind, sogenannte Formel 1-Boliden unserer Gesellschaft, an denen man nachvollziehen kann, was möglich ist und warum. „Jeder Mensch hat autonom geschützte Reserven, von denen er nicht weiß, wie sie steuerbar sind. Dort stecken ungeahnte Kräfte. Vielleicht haben Leute wie Fasching oder sein Vorgänger als Sieger im Race Across America, Franz Spilauer, Reserven ausgeschöpft, in die wir nicht vordringen können", erklärt Holdhaus.

„Die Physiologie des Körpers ist in den Griff zu bekommen. Doch das Gehirn ist eine black box, kaum steuerbar." Holdhaus bringt dafür ein Beispiel, das sich tatsächlich ereignet hat: Eine junge Mutter, deren Kind von einem Auto überfahren wird, hebt, aktiviert von Todesangst, das Fahrzeug hoch. Harald Schwischei, Chirurg am Krankenhaus Radkersburg und seit drei Jahren betreuender Arzt Faschings, erwähnt in diesem Zusammenhang Kriegsberichte, wonach Soldaten einen Monat lang mit nur einer Stunde Schlaf am Tag ausgekommen seien.

Wo liegen die Grenzen wirklich? Was sind die Gefahren der Grenzgängerei? Mit welchen Spätschäden müssen Extremsportler rechnen? Viele Fragen, auf die es wenig Antworten gibt, die befriedigen können. Die Sportmedizin steckt hier noch in den Anfängen.

Deshalb war auch Harald Schwischei ziemlich angespannt, als er sich 1996 dazu entschloß, Wolfgang Fasching bei seinem ersten Race Across America medizinisch zu unterstützen: „Trotz intensiven Literaturstudiums blieben extrem viele Unbekannte."

Um die Risiken so gering wie möglich zu halten, wurde Fasching zunächst auf Herz und Nieren untersucht. Ausgangspunkt war ein umfangreicher Laborstatus. Das heißt Blutbild, Elektrolythaushalt, Blutzuckerspiegel, Leber- und Nierenfunktion, Harn, Schilddrüse und Eisendepots wurden analysiert. Mehrmals wurde in den Magen mittels Gastroskopie hineingeschaut. Dabei stellte Schwischei fest, daß der Schließmuskel beim Übergang von der Speiseröhre in den Magen nicht funktioniert. Ein Handicap, das erhebliche Probleme aufwerfen sollte.

Wolfgang Fasching und sein großes Vorbild Franz Spilauer (l.). Seit dessen Sieg 1988 wußte der Südsteirer, daß er das Race Across America auch einmal gewinnen will.

Weiters erfolgte eine Spiegelung des Dickdarms. „Damit ich weiß, womit ich in Extremfällen rechnen muß", erklärt Schwischei. Durch die Druckbelastung des Sattels im Bereich des Gesäßes entstehen Hämorrhoiden, die aufplatzen und zu Blutungen führen können. „Ich muß mit großer Wahrscheinlichkeit ausschließen können, daß dieses Blut, das meistens mit dem Stuhl abgeht, von Geschwüren im Darm kommt." Vorsorglich wurden vorhandene Hämorrhoiden sofort verödet.

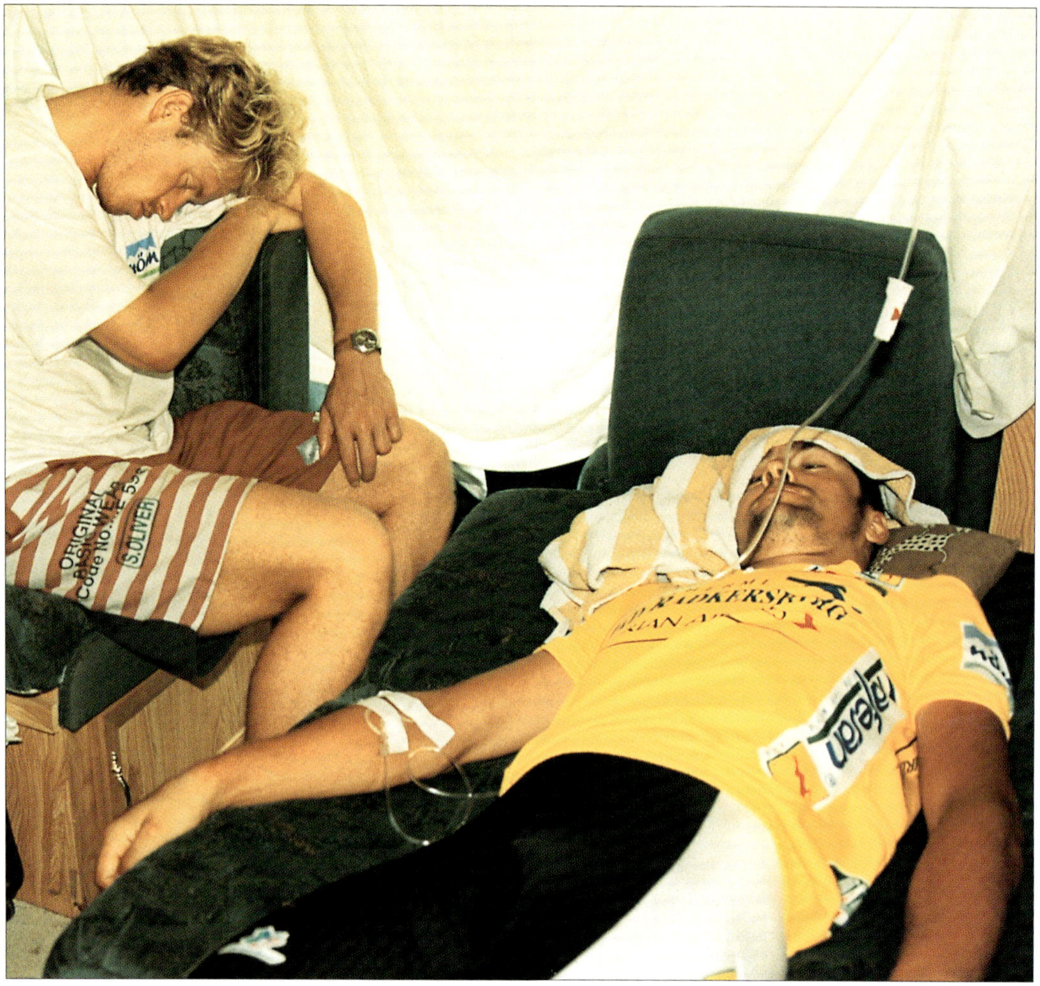

Glukose-Infusion während einer Ruhepause, um verlorengegangene Energie rasch nachzuführen. So kann sich auch der Arzt ein Nickerchen gönnen.

Herzecho, Ergometertest und orthopädische Untersuchungen standen weiters auf dem Programm. Für die Senk-Spreizfüße Faschings mußten eigens Schuheinlagen angefertigt werden, um Problemen mit den Füßen vorzubeugen.

Schließlich gibt es ein gemeinsames Testrennen, erstmals im Mai 1995 bei der Europaqualifikation für das Race Across America von Bregenz nach Wien über 800 Kilometer: Wolfgang Fasching erbricht die Flüssignahrung, die auf ihn abgestimmt war, immer wieder. Die Eiweißaufnahme funktioniert nicht. Erfolgreich getestet wird hingegen ein Elektrolytgerät (AVL), um vor allem die Natrium-, Kalzium- und Kaliumwerte während des Rennens zu kontrollieren (Magnesium läßt sich indirekt vom Kalziumwert hochrechnen). Und geklappt hat auch das Experiment mit Glukose (Zucker)-Infusionen, die Nährstoffe auf direktem Weg ins Blut bringen.

Handlungsbedarf gab es also bei der Flüssignahrung. Der Feldbacher Apotheker Manfred Hofer (Leonhard-Apotheke) befaßt sich schon seit 1983 mit Ernährung im Spitzensport. Aus der Zusammenarbeit mit Extrem-Radfahrern, Läufern, Fußball- und Eishockeyspielern entstand Mitte der achtziger Jahre ein Kohlehydratgetränk auf Maltodextrin-Basis (Mehrfachzucker). Das versuchte er nun, optimal auf Wolfgang Fasching, der sich mittlerweile schon seit mehreren Jahren Tips von ihm holt, abzustimmen. Für das „Wolfilyt" veränderte er den Geschmack („mit Isostar, sonst ist in diesen Getränken nicht berauschend viel drinnen") und ergänzte mit Carnitin und Vitaminen. Nach Untersuchungen, die Hofer 1991 an Sportlern durchführte, können hohe Carnitin-Dosierungen die anaerobe Schwelle, also jene Grenze, ab der die Muskulatur übersäuert, um fünf Prozent anheben. Carnitin verbessert die Fettverbrennung, es wird dabei weniger Sauerstoff verbraucht, eine höhere Herzfrequenz und damit mehr Leistung sind die Folge.

Probleme hatte Fasching aber vor allem mit dem Eiweißgetränk, dem Hofer Kreatin beimischte. Kreatin ist ein wichtiger Energielieferant für die Muskulatur, mit dem im Spitzensport große Wirkungen erzielt werden können. „Ich wundere mich, daß damit nicht in viel stärkerem Maße gearbeitet wird als bisher", meint Hofer.

Bis Wolfgang Fasching das Eiweißgetränk verträgt, vergeht fast ein halbes Jahr. Auch beim zweiten Test, einem 600-Kilometer-Rennen in Alaska, behält er die Flüssignahrung nicht im Magen. Harald Schwi-

Nicht nur der Körperstoffwechsel ist wichtig, auch die Nährstoffversorgung für das Gehirn muß stimmen. Ansonsten kann es zu Halluzinationen kommen. Trotz des großen Schlafdefizits: Fasching litt nie unter Wahnvorstellungen.

schei spricht mit Hofer über die möglichen Ursachen. Der nicht funktionierende Schließmuskel am Mageneingang allein kann es nicht sein. Hofer tippt nun doch auf das Kohlehydratgetränk, daß darin die Elektrolytkonzentration zu hoch sein könnte. Die Flüssigkeit bleibt so zu lange im Magen. „Wir haben daraufhin vor allem die Natriumkonzentration stark zurückgenommen", erklärt Hofer. Und seitdem hat Fasching mit der Flüssignahrung keine Probleme. Vorausgesetzt, er trinkt in regelmäßigen Abständen und hat davon nie zuviel auf einmal im Magen.

Wachsam rund um die Uhr

Bei einem Extrembewerb wie dem Race Across America muß der Arzt seinen Schützling rund um die Uhr genau beobachten. Täglich wird Blut abgenommen, um den Elektrolythaushalt zu prüfen. Dazu kommen regelmäßige Kontrollen mit dem EKG. Der Blutdruck wird gemessen. In den Pausen lag er bei Fasching meist bei 130/85, war also völlig normal. Und auch auf die Waage muß Fasching täglich. Gewichtsverlust weist sofort darauf hin, daß mit der Nahrungsaufnahme etwas nicht funktioniert.

„Für mich war aber zudem wichtig, daß nicht nur der Körperstoffwechsel funktioniert, sondern auch der Hirnstoffwechsel", erklärt Harald Schwischei. Immer wieder hört man von Race Across America-Teilnehmern, daß sie aufgrund des Schlafmangels halluzinieren. Für Schwischei ist das aber auch ein Zeichen, daß der Nährstoffhaushalt nicht paßt. So darf zum Beispiel der Blutzuckerspiegel nicht unter einen bestimmten Wert fallen, ansonsten kann es zu Verwirrtheitszuständen kommen. Ebenfalls wichtig ist in diesem Zusammenhang Natrium. Die richtige Balance zu halten, das ist bei Fasching sowohl im ersten wie auch im zweiten Race sehr gut gelungen. Bis auf einmal, als er nach dem Schlafen ein Blackout hatte, war er im Kopf immer klar.

Bei der Behandlung von Knieschmerzen, die für den Südsteirer in dem Extrembewerb das wohl größte Handicap sind, war vor allem Masseur Pepi Lienhart gefordert – mit allen Wassern alternativmedizinischer und homöopathischer Möglichkeiten gewaschen. Er ist die richtige Ergänzung zu Schwischei. Die beiden harmonieren nicht nur menschlich gut miteinander. „Wenn sich Schul- und Alternativmedizin die Hände geben, dann kann dabei viel herauskommen", meint Lienhart. Von Laser-Therapie über homöopathische Arzneien, wie Arnika-Globuli gegen Überbelastung, bis zur Akupunktur-Massage, von Bachblüten, Granter-Wasser bis zu Schüssler-Salzen, die die Zellen dazu anregen, die Mineralstoffe aus der Nahrung optimal herauszuholen, reichen seine Kenntnisse, mit denen er versucht, die Beschwerden Faschings zu lindern und dessen Leistungsfähigkeit zu steigern.

Akute Kniebeschwerden mit höllischen Schmerzen, wie sie Fasching beispielsweise im Begleitfahrzeug bei der Überquerung des Mississippi hatte, bekam Lienhart allein mit Akupunktur-Massage (APM) in den Griff. „Schmerzen sind immer auch ein Schrei des Gewebes nach fließender Energie", sagt Lienhart. „Und mit APM-Techniken schafft man es, einen funktionierenden Energiekreislauf herzustellen."

Die Nahrungs- und Flüssigkeitsmengen, die ein Athlet während des Rennens quer durch Amerika verarbeiten muß, sind gigantisch:

95 Prozent der Nahrung nimmt Fasching flüssig auf. In den Anfangstagen, während der extremen Hitze, können es bis zu 35 Liter sein, im groben Durchschnitt sind es 20 bis 25 Liter. Er bekommt aber zwischendurch auch feste Nahrung: Sandwiches mit Schinken und Käse, Butterbrote, Spaghetti, aber auch Äpfel, Melonen, Pfirsiche oder eine Pizza. Schwischei: „Das ist aber die große Ausnahme und oft nur psychologisch wichtig. Ständig nur Flüssignahrung, das hält niemand im Kopf aus."

Die Flüssignahrung wird während des Rennens immer nach dem jeweiligen Bedarf Wolfgang Faschings zusammengestellt. Was der Extremsportler wann benötigt, weiß sein Arzt Harald Schwischei (Bild) aufgrund regelmäßig durchgeführter Analysen des Elektrolythaushalts.

Doch ähnlich wie Astronauten im Weltall nimmt Fasching vor allem Mineralstoffe (besonders Kalium und Magnesium) und Verdauungsenzyme (damit die Flüssignahrung rasch verwertet wird) auch in Tablettenform zu sich: bis zu 40 Stück am Tag!

„Wolfgang hat täglich astronomische Mengen an Elektrolyten aufgenommen, ein normaler Mensch würde dadurch sterben", erklärt Schwischei. Bis zu 700 Milligramm täglich sind ein durchschnittlicher Wert, bei Fasching waren es bis zu sieben Gramm, also das Zehnfache. Die tägliche Kalorienaufnahme liegt bei 10.000 im Schnitt, an extrem heißen oder schwierigen Tagen in den Bergen können es aber auch bis zu 13.000/14.000 Kalorien sein. Das entspricht rund 25 bis 30 Wiener Schnitzeln.

Spätfolgen?

Derart gut versorgt und überwacht können die Gesundheitsrisiken für die Sportler auf ein Minimum reduziert werden. „Ich glaube, daß Fasching das Race Across America unbeschadet überstanden hat. Eine Woche nach dem Zieleinlauf war das Blutbild wieder völlig normal. Nur die Entzündungsparameter waren wegen der Knieentzündung noch leicht erhöht", sagt Harald Schwischei. „Bis er sich von einer derartigen Belastung vollständig erholt, dauert es aber sicher einen Monat. Über Langzeitfolgen

Wolfgang Fasching trinkt an heißen Tagen bis zu 35 Liter. Im groben Durchschnitt sind es 20 bis 25 Liter täglich.

läßt sich wenig sagen, da hier noch Erfahrungen fehlen." Auch der Salzburger Sportmediziner Alfred Aigner kennt aus der Literatur keine Warnhinweise auf langfristige Schäden, meint aber wie Schwischei, daß man noch viel zu wenig wisse. Herz, Kreislauf und Muskulatur sind äußerst regenerationsfähig. Aufwendigere Herzuntersuchungen haben nach Angaben Aigners bei Radfahrern aber selbst zwei Wochen nach dem Ende einer Österreich-Rundfahrt gezeigt, daß die Regenerationszeit in den Feinstrukturen des Herzens sehr viel länger dauert als im übrigen Organismus. Es kann sogar sein, daß durch extreme Belastungen Muskelzellen absterben, sogenannte „Mikroinfarkte" entstehen, die man erst mit ganz neuen Untersuchungsmethoden nachweisen kann.

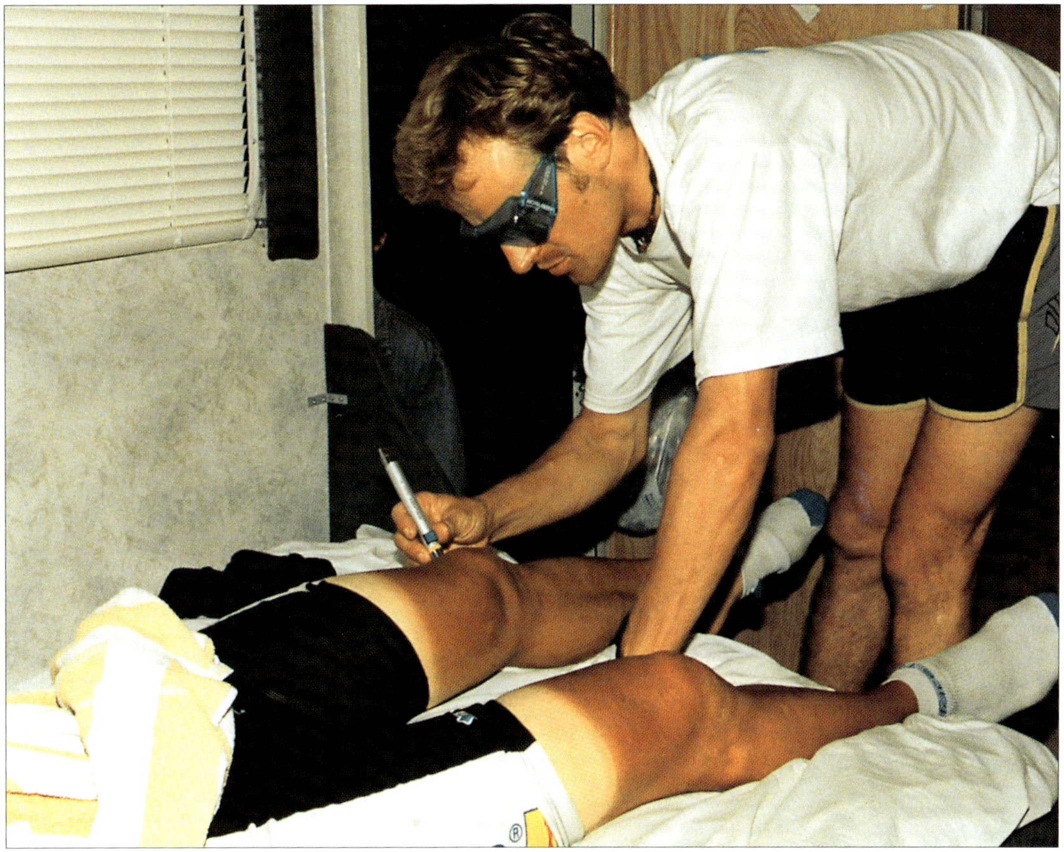

Mit Hilfe eines Lasergerätes versucht Masseur Pepi Lienhart, die Knieschmerzen seines Schützlings zu lindern.

Offensichtlich ist hingegen, daß der Alterungsprozeß durch Extremsport beschleunigt wird. Rob Kish, der schon zwölf Mal das Race Across America gefahren ist, schaut sichtbar älter aus als sein Zwillingsbruder, der sich nicht auf dieses Abenteuer einläßt. Schwischei: „Die Sportler altern sicher schneller im Gesicht. Das muß aber nicht heißen, daß sie auch früher sterben."

Doping wäre tödlich

Ob solche Leistungen überhaupt ohne Doping möglich sind, ist eine häufig gestellte Frage. Die Mediziner sagen: Solche Leistungen sind „nur" ohne Doping denkbar. „Doping ist das Todesurteil für Extremsportler", betont Hans Holdhaus.

„Im Fall von Wolfgang Fasching hat der Körper nach zwei, drei Tagen selbst einen Riegel vorgeschoben. Der Puls lag immer zwischen 120 und 140 Schlägen in der Minute. Würde man diese Grenzen überwinden und die sogenannten geschützten Reserven angreifen wollen, könnte es passieren, daß der Fahrer tot vom Rad fällt", erklärt Harald Schwischei. „Diese Notreserven müssen bleiben."

Ein klassisches Beispiel aus der Radsportgeschichte zeigt die Risiken: 1967 starb Tom Simpson während der Tour de France beim Anstieg zum berüchtigten Mont Ventoux. Die Obduktion sollte ans Tageslicht bringen, daß sich Englands berühmtester Radfahrer dieser Zeit massiv gedopt hatte. Der Mont Ventoux ist ein unbewachsener, abweisender felsiger Berg; es war extrem heiß, die Straße liegt immer in der prallen Sonne: Simpson fiel vom Rad. Alle Versuche, sein Herz wieder zum Schlagen zu bringen, waren vergeblich.

Die Konkurrenz der Frauen

Die Männer haben Probleme damit, die Leistungen der Frauen anzuerkennen. Dabei, so meinen die Sportmediziner, ist es nicht ungewöhnlich, daß Frauen wie die Amerikanerin Seana Hogan beim Race Across America an der Spitze mitmischen. Im Ziel lag sie 1997 zwar 21 Stunden hinter Wolfgang Fasching. Das war aber immerhin der 4. Platz. Die ersten vier Tage des Rennens hatte sie das Feld angeführt. Kein Mann wollte ihr Tempo mitgehen. Erst in den Rocky Mountains verlor sie Terrain auf die besten Männer. „Ich glaube nicht, daß eine Frau dieses Rennen gewinnen kann. Aber es ist sicher so, daß eine optimal trainierte Frau nur von einem optimal trainierten Mann geschlagen werden kann", meint Harald Schwischei. „Die Frauen verlieren vor allem in den Bergen sehr viel Zeit. Dort können sie nicht die Topleistung des Mannes bringen. Im Mann ist auch der natürliche Jagdinstinkt extremer ausgeprägt, was im oberen Leistungsbereich sicher ein mitentscheidender Faktor ist."

Noch weniger zeigt sich Leistungsdiagnostiker Holdhaus von den Fähigkeiten Hogans verblüfft: „Frauen sind, was das Körpergewicht betrifft, sogar im Vorteil. Das Herz muß weniger Masse versorgen. Gerade die Ökonomie ist bei derartigen Extrembewerben, in welchen eine gleichmäßige Leistung mehr zählt als Spitzenbelastungen, ein entscheidender Punkt." Holdhaus kann sich sehr wohl vorstellen, daß bald auch eine Frau das Race Across America gewinnen wird.

Seana Hogan bringt die Männer vor allem in den ersten Renntagen gehörig ins Schwitzen. Sportärzte schließen nicht aus, daß auch eine Frau das Race Across America gewinnen kann.

RACE ACROSS AMERICA
Vancouver
Columbia
Missouri
KANADA
Quebec
Halifax
Oberer See
Montreal
Huron-see
Yellowstone Nationalpark
Michigan See
Toronto
Ontariosee
Boston
Minneapolis
Niagarafälle
San Francisco
NEVADA
Salt Lake City
Detroit
Eriesee
New York
KALIFORNIEN
UTAH
Chicago
Philadelphia
Denver
Columbus
Death Valley
St. George
COLORADO
Washington/DC
Indianapolis
Las Vegas
Grand Canyon
Monument Valley
START
Page
Durango
ATLANTISCHER OZEAN
Los Angeles
Mojave-wüste
ARIZONA
OKLAHOMA
TENNESSEE
Chattanooga
NEW MEXICO
Amarillo
Memphis
ARKANSAS
ZIEL
TEXAS
GEORGIA
Savannah
Mississippi
Rio Grande
Houston
New Orleans
PAZIFISCHER OZEAN
MEXIKO
BAHAMAS
Golf von Mexiko
Miami
500 km
Monterrey
OTS Grafik / hh
Havanna
KUBA

Ergebnis des Race Across America 1996

1.	Danny Chew (USA)	8 Tage, 7 Stunden, 14 Minuten
2.	Rob Kish (USA)	Rückstand: 2 Stunden, 26 Minuten
3.	Wolfgang Fasching (Österreich)	6 Stunden, 54 Minuten
4.	Gerry Tatrai (USA)	16 Stunden, 38 Minuten
5.	David Kees (USA)	1 Tag, 3 Stunden, 21 Minuten
6.	Jeff Bell (USA)	1 Tag, 6 Stunden, 1 Minute
7.	Kaname Sakurai (Japan)	1 Tag, 13 Stunden
8.	Rob Morlock (USA)	1 Tag, 14 Stunden, 20 Minuten
9.	John Buffington (USA)	1 Tag, 15 Stunden, 49 Minuten
10.	William Moser (USA)	1 Tag, 16 Stunden, 31 Minuten
11.	Peter Pop (USA)	1 Tag, 22 Stunden, 26 Minuten
12.	Tom Buckley (USA)	2 Tage, 20 Minuten

Ergebnis des Race Across America 1997

1.	Wolfgang Fasching (Österreich)	9 Tage, 4 Stunden, 50 Minuten
2.	Danny Chew (USA)	Rückstand: 6 Stunden, 40 Minuten
3.	Rob Kish (USA)	8 Stunden, 23 Minuten
4.	Seana Hogan (USA)	20 Stunden, 45 Minuten
5.	Muffy Ritz (USA)	1 Tag, 6 Stunden, 46 Minuten
6.	Peter Pop (USA)	1 Tag, 8 Stunden, 36 Minuten
7.	Kaname Sakurai (Japan)	1 Tag, 12 Stunden, 27 Minuten
8.	Michael Wilson (USA)	1 Tag, 16 Stunden, 47 Minuten
9.	Beat Gfeller (Schweiz)	1 Tag, 20 Stunden, 36 Minuten

In die Wertung kommen nur Rennfahrer mit weniger als zwei Tagen Rückstand auf den Sieger. Jedes Jahr sind rund 30 Männer und Frauen im Einzelbewerb am Start.

Sportliche Erfolge Wolfgang Faschings

In den Extrem-Radsport stieg er im Alter von 23 Jahren ein. Am 23. September 1990 gewann er in Großschönau im Waldviertel überlegen ein Mountainbike-Rennen über 12 Stunden.

Am 23. September 1995 stellte er in der Südsteiermark eine 12-Stunden-Weltbestleistung im Zeitfahren auf. Er legte dabei 462 Kilometer zurück. Das entspricht einer durchschnittlichen Geschwindigkeit von 38,5 km/h.

1996 belegte er den 3. Platz beim Race Across America in 8 Tagen, 14 Stunden und 8 Minuten. Er war damit der schnellste „Rookie", also Neuling, in der Geschichte des Rennens.

1996 gewann er auch das Midnight-Sunrace, ein 600 Kilometer langes Rennen von Anchorage nach Fairbanks (USA), und ein 24 Stunden Mountainbike-Rennen in Seefeld.

1997 gewann er am 2. August das Race Across America als jüngster Rennfahrer in der Geschichte des Rennens. Die Siegerzeit: 9 Tage, 4 Stunden, 50 Minuten (4830 Kilometer).

Zwei Monate vorher, am 28. Juni 1997, wurde er in Davenport (US-Bundesstaat Iowa) 24-Stunden-Weltmeister (zurückgelegte Strecke bei widrigsten äußeren Bedingungen, Abbruch nach knapp mehr als 23 Stunden: 772 Kilometer).

Tägliche Flüssignahrung (Kohlehydrat 70 Prozent, Eiweiß 12 Prozent, Fett 18 Prozent) im Race Across America 1997:

1.	Tag:	35	Liter
2.	Tag:	35	Liter
3.	Tag:	20	Liter
4.	Tag:	21	Liter
5.	Tag:	22,8	Liter
6.	Tag:	15	Liter
7.	Tag:	17	Liter
8.	Tag:	18	Liter
9.	Tag plus 4 Stunden:	30	Liter

Wolfgang Fasching ernährt sich beim Race Across America zu 95 Prozent flüssig. Aber herzhafte Bisse in eine Wurstsemmel, zwischendurch Obst oder sogar eine Pizza sind vor allem aus psychologischen Gründen wichtig.

Schlafprotokoll

Wolfgang Faschings Ruhepausen beliefen sich beim Race Across America 1997 auf insgesamt knapp mehr als 14 Stunden. Die Nettoschlafzeit (medizinische Betreuung, Massage weggerechnet) betrug nur 12 Stunden.

Das Protokoll im Detail:

1. Tag: 24. 7. – 25. 7.:	Pause:	1 Stunde (23 – 24 Uhr)
2. Tag: 25. 7. – 26. 7.:		1,30 Stunden (23.30 – 1.00 Uhr)
3. Tag: 26. 7. – 27. 7.:		2 Stunden (24 – 2.00 Uhr)
4. Tag: 27. 7. – 28. 7.:		2 Stunden (0.30 – 2.30 Uhr)
5. Tag: 28. 7.– 29. 7.:		2 Stunden (23.30 – 1.20 Uhr)
6. Tag: 29. 7. – 30. 7.:		1,40 Stunden (23.50 – 1.30 Uhr)
7. Tag: 30. 7. – 31. 7.:		1,15 Stunden (23.45 – 1.00 Uhr)
8. Tag: 31. 7. – 01. 8.:		1,45 Stunden (23.45 – 1.30 Uhr)
9. Tag: 01. 8. – 02. 8.:		1 Stunde (0.30 – 1.30 Uhr)
		14 Stunden, 10 Minuten gesamte Ruhezeit, davon netto geschlafen: 12 Stunden

Die grünen Wegweiser

Gerhard Schwischei
RADATLAS SALZBURG
198 S., 40 Karten,
14 Farbtafeln, kart.
öS 198,–/DM 27,50/sfr 26,50
ISBN 3-7025-0359-5

Georg Rohrecker
ERLEBNISWANDERN RUND UM SALZBURG / FLACHGAU
204 S., 37 Karten,
25 Farbabb., kart.
öS 248,–/DM 34,–/sfr 32,50
ISBN 3-7025-0358-7

Clemens M. Hutter
ERLEBNISWANDERN LUNGAU
120 S., 12 Karten,
16 Farbtafeln, kart.
öS 148,–/DM 20,–/sfr 20,–
ISBN 3-7025-0360-9

Clemens M. Hutter
SKITOUREN IN UND UM SALZBURG
280 S., 8 Farbabb., kart.
öS 248,–/DM 34,–/sfr 32,50
ISBN 3-7025-0317-X

Clemens M. Hutter
333 SALZBURGER BERGZIELE
166 S., 12 Farbabb., kart.
öS 178,–/DM 24,50/sfr 23,50
ISBN 3-7025-0303-X

VERLAG ANTON PUSTET